U0145738

課程語錄

歐用生　著

五南圖書出版公司 印行

推薦一

　　歐用生教授の言葉は豊穣で深く、しかも鋭利である。45年間にわたる親密な交流を通じて私は、歐教授の教育の厚い情愛と卓越した見識に学び続けてきた。本書の「課程語録」は、その一つひとつが教育の研究と実践の新しい地平を開示している。同時に、その言葉は歐優しい笑顔に象徴される開かれた柔軟な思索と鋭く深い知性との調和も表現している。一読を薦めたい。

東京大学名誉教授　佐藤　学

　　歐用生教授的文字豐饒、深刻並且相當犀利。這45年來在與歐教授的親密交流中，我時刻感受教授對於教育的濃厚愛情，並持續學習他卓越的知識見解。本書《課程語錄》開啓了教育研究與實踐的全新地平線，其中的一字一句也有如帶著歐教授溫潤的笑容一般，調和了柔軟的思緒與深刻銳利的知性。我極力推薦本書值得一讀。

東京大學榮譽教授　佐藤　學

推薦二

探尋學習與反省的課程語錄

歐用生教授對臺灣課程研究的貢獻傑出非凡,他出版的《課程語錄》是其大半生研究課程的智慧結晶。

這本書一共有100篇語錄。根據筆者個人的判斷,其中22篇語錄是和學習有關,19篇是和課程有關,10篇是和教學有關。此外,當中5篇、4篇和4篇分別和自省、變化和人生有關。與學習相關的篇章竟然比與課程相關的更多,這是出乎筆者意料之外的事。可見歐教授在談及課程這個領域的時候,「學習」是必不可少的元素。

一、在混沌中長成的反省

哲學家牟宗三在《五十自述》一書中第一章「在混沌中長成」的起始便說:「生命原是混沌的。只是每一人衝破其混沌,透露其靈光,表露其性情,各有其特殊的途徑與形態。這在當時是不自覺的。為不自覺,乃見真情。」歐教授在《課程語錄》一書中充分體現此種靈光與真性情。

他15歲開始接受師範教育,領會到「教師不能錯,不能說不會,是全知、是先知,18歲就帶著這種面具開始教書。」到了現在,他卻強調「教育工作者是否該跳下神壇,走入人間……何況我們不是神,只是人,讓我們勇敢的說,對不起,我錯了。我會改進。」(語錄9)

就讀師範學校……歐教授接受的教育幾乎都是講述法，他在中小學也用講述法教學，後來卻推動問思教學法、價值澄清教學法的改革。最近歐教授協助推展學習共同體，並見證了教學方法的改革。（語錄60）

他的反省能力讓他能夠衝出傳統和習慣的桎梏。

二、學習的特質

對於學習，歐教授一共有22段語錄，其中包含下列精闢的見解：

語錄10「課程是經驗／驚艷之旅」指出「學習始於驚奇，終於驚奇。其實，學習始於驚嘆號和問號。」

語錄32「看見就是看不見？」充分表現出歐教授對「學習」獨具慧眼。他認為「西方認識論獨尊視覺，強調I see，表示理解、理性、啓蒙，而貶低I feel，因為情感、情緒、直覺等有害知性的發展。」「看不一定看見，我們要用慧眼看，用第三隻眼看，用敏銳的耳朵看。Eisner說的，知識性的看（epistemic seeing），才能看到，因看見而看不見的素質。」

在語錄34「歐爸講學」中，他讚揚企業內部的學習文化，「走進公司沒有董事長、總經理，都是同學。好棒的概念，可見企業都強調學習！但臺灣才去職的教育部長不僅沒有強調學習，還說他是一個不會作錯事的人。」

作者透過語錄47反對以外在動機去刺激學生學習，而強調內在動機的重要性。「學習始於驚奇，終於驚

奇……動機多來自活動本身，而非外在的酬償。接著是朝向問題解決的建設階段，解決問題的徵兆不是預定的，而是慢慢浮現的，意義也是漸漸形成的。」

在語錄48「三藏團隊不是學習共同體」中，他認為「很多人常以三藏取經的故事來說明學習共同體。事實上，三藏團隊是合作學習（cooperative learning），而非學習共同體強調的協同學習（collaborative learning）。

首先，三藏團隊以師父馬首是瞻，有領導者，讓學習階層化，易變成互教，而不是互學；其次，三藏善用獎懲來控制徒子們，是行為主義者；第三，三藏團隊旨在達成取經的任務，是任務取向的，因此需要很快取得共識，以解決問題，較不重視學習、互學，尤其是差異化的學習。

但協同學習與合作學習完全不同：第一，沒有領導者或小組長，人人平等的學習；第二，不用獎懲、競爭等外在的酬償，學生為學習的樂趣或內在的滿足感而學習，是社會建構主義；第三，主要目的是在學習（尤其是互相學習），而不是在達成什麼任務；第四，重視學習的主體性，學習結果是差異化的，差異萬歲！

歐教授在語錄49「快樂學習？安樂死？」中強調，「深度學習，讓學生在知性、情緒和心靈上成長，才是快樂學習……學生帶著先前的知識、思考、感覺和經驗等，浸潤於環境中與環境互動，對環境有所作為。」

語錄62「以三新迎接新學年（二）」指出「每次新課程實施，校長、教師都要接受非常多的研習。但大部分的研習都是聽講式的，只聽抽象的理念，效果有限。為什麼不讓校長與全校教職員針對新課綱有更多的對話？」

巴西著名教育學家Paulo Freire影響筆者大半生的教學工作，他倡導強調「對話」的教學法。

語錄63主張以校長、教師學習為核心的校本學習機制，正可克服教師孤軍作戰、集體平庸化、教師相互護短等缺點。

語錄82「教師是學習專家」提及「教師之所以偉大是因為不斷的學習！」正點出一般教師安於現狀的死穴。

三、人生與疾苦

怎樣理解「生活」，怎樣面對疾病和苦難呢？歐教授提供下列的答案。

和生活有關的語錄有4「生涯被規劃」、11「教師的生存美學」和15「吃過早餐了，就去洗碗筷！」吃過早餐就去洗碗筷，這就是生活，就是學習。在生活中學習，學習如何生活！

語錄18「我的身體課程」中記載，2014年9月起，歐教授的身體歷經苦難。手術出院後，開始和身體對話，並書寫他的身體課程。記錄身體狀況和經由身體的所感、所思、所夢，斷續至今。

語錄95「生命中的等待！」——「人生充滿著等待，有些等待再久都會等到；但有些等待，就像等待果陀，只是虛度光陰。」課程學者Morris（2008）在〈Teaching through the ill body〉中，敘說自己患上胃痙攣這個惡疾的故事。他對等待作現象學的、美學的分析，很有感覺。Morris的故事陪伴歐教授渡過手術住院及以後的脆弱歲月，他每次閱讀「都流下不同顏色的味道和眼淚！」

　　在語錄96「受難教育學」中，「人生不如意事十常八九，但這八九卻是學校中的懸缺課程……迷失、沮喪和捨得正是創造的過程，在迷失、依賴中，我們能發現有價值的事有別於進步、成就和得意的事，發現新的可能性，展開新生活！」

　　歐教授是通過人生苦難的體驗，訴說課程的特質。

四、課程的探究，並非二分，而是求「和」

　　作者在語錄19「熟悉的地方沒有風景？」中，探究在課程和教學上，怎樣能夠追求轉變，跳出墨守成規呢？他強調要有四個轉向，最後提出要轉向「游移」。意思是「不是either / or而是and，並非二分，不是這個就是那個，而是和、和、和，有很多和，既有這個還有那個，還有更多！」

　　筆者非常同意歐教授對課程的探究取向，處理的方針是「並非二分，而是求『和』」。根據歐教授一些語錄的內容，下文從上述探究取向就教於歐教授。

語錄59「核心素養的深化與開展」，最後強調「核心素養不是名詞，而是動詞；不是終點，而是過程；不是產品，而是實踐……不是技術的，而是藝術的、美學的。」筆者建議以上述探究取向修訂為：「核心素養既是名詞，又是動詞；既是分段的終點，也是過程；既是產品，也是實踐……既是技術的，也是藝術的、美學的。」未知歐教授意下如何？

筆者之所以展開上述對話，是因爲歐教授多次提出課程要解／再建構和要對話，例如：

1.「課程語錄不是刻在石頭上的字，不是放諸四海而皆準，百世以俟聖人而不惑的經典或眞理，而是寫在流動的水上的字，一直在接受批判、不斷變動的、生成的、解／再建構的。」（語錄31）

2.「課程（currere）是跑的過程——在跑中和自然相遇，探索世界；和他人相遇，擴展人際；和自己相遇，覺醒自我！所以課程是『人與自然、社會』，『人與人』，『人與自己』的相遇和對話。」（語錄10）

課程學是一門非常多面相的探究現象。有些人認爲R. Tyler和W. Pinar這兩位極有代表性的課程學者的見解非常對立，筆者卻認爲他們兩人不過是處理了課程探究中不同的現象。他們並不對立，而是互補，應該是求「和」的。

五、小結

因篇幅關係，分別有19篇和10篇與課程和教學有關的語錄雖然經過分析，但未能在此詳加論述了。

總結來說，《課程語錄》是具反省和開放性的，和生命結合的，從學習的角度探討課程的智慧結晶。

香港中文大學課程與教學學系前系主任　黃顯華

推薦三

歐師語錄：

> 短章裁斷似《論語》；
> 課程敘事猶《壇經》。

華東師範大學課程與教學研究所所長　崔允漷

2018年11月

推薦四

歐老的語錄

　　我與歐老師相識于2002年，當時大陸剛剛進入新課程改革，大家都對新課程改革充滿熱情、充滿期待，同時也充滿困惑、充滿無助。臺灣課改比大陸先行一步，其經驗正好值得大陸借鑒。歐老師又恰好是臺灣課改的領軍人物，所以大陸到處都邀請歐老師做報告。實際上我也正是在新疆聽歐老師做報告的時候認識他的。憑藉著閩臺特殊的關係，我們很快就成為親密的朋友了。之後我多次邀請他來福建，他也於2005年邀請我帶團訪問臺灣。那是我第一次踏上寶島臺灣，現在回想起來還相當的激動。自那之後，我就與臺灣結下了「不解之緣」，臺灣的美食、醫療、教育令我特別的讚歎。2013年，在歐老師的推薦下，我帶領福建省小學教學名師前往臺灣學習考察「學習共同體」的教學改革。如我們所料，「學習共同體」很快就在福建掀起了一股「旋風」，以福州市教育學院第四附屬小學（四附小）為基地為中心的幾十所小學深度地介入了「學習共同體」的改革。歐老師，這位「學習共同體」創始人佐藤學先生的學長，又一次成為我們改革的引領者和指導者，他不辭辛勞多次深入福州四附小觀課、議課，與老師進行專業對話，具體而有深度地指導學習共同體的推進。四附小的老師親切地稱他「歐爺爺」！

「活到老學到老」，歐老師可謂是典範。他是真正的退而不休，他從來沒有停止過閱讀、觀察、實踐、思考、寫作、發表。與之前出版的學術化、專業化的著作不同，這本小冊子蒐集的是他的語錄、語絲，記錄的是他對教育、教學問題和現象的點滴思考和感悟，內容豐富，文字生動，文章雖小，卻依然閃爍著思想和智慧的光芒！認真拜讀，深受啟發。向「歐爺爺」致敬！

福建師範大學教育學院院長　余文森

2018年11月1日

推薦五

　　歐用生老師最近在FB，用另一種方式，展現他那開路的性格，告訴我們「什麼是課程」。

　　我總在想寫寫我的觀察，這個網路時代的知識傳播與哲人風格的形塑，不小心看到以前受邀寫給歐老師退休的紀念文：

　　我心中「那個開路的人」from reading theory and making theory, to becoming and being of who we are.

　　「那個開路的人」

　　在美國第一次讀到歐老師發表於1985年《新竹師院學報》的「國小社會科教科書的意識型態分析」時，很好奇這是一個怎樣的老師，在民國74年，尚未解嚴的年代，怎樣的機緣讀了批判教育學大師Apple的文章？閱讀的場景在圖書館嗎？在家裡宿舍嗎？或國外的書店呢？讀的時候會害怕嗎？會擔心被帶到不可預知的未來嗎？或是很興奮，有豁然開朗的感覺呢？這些想像就像要拍一部傳記電影時，構築故事細節以立體化角色所需的分鏡圖一樣。我想，這應該是個有個性的老師吧！

　　後來第一次見到歐老師本人，是在回臺灣二年多，參加一次的應徵面試，其中的主試官就是歐老

師。只記得當時很興奮，跟歐老師說讀過老師的文章，很高興有機會見到本人。不過，老師沒什麼表情，卻問我怎麼上課大綱所列文獻都是英文，沒有中文。我想，這應該是個對在地研究很認真的老師吧！

再次有機會見到歐老師是我在中正任教時，有次因為研究關係，北上到淡江訪問歐老師，在老師那個看起來才剛使用的小小研究室，我們談了二小時的課程改革。回途我們還一起搭淡水線的捷運回臺北市區，沿路聊一些嚴肅課題之外的個人背景，當我說自己以前是念電影戲劇時，老師對於「差異」的歡迎與正面，讓我在想，這必定是個腦筋很開明的學者。因為開明，所以不拘泥於傳統，才會讀當時年代大家都不熟悉的東西，而且還寫出那樣「開天闢地」（英文的說法就是ground-breaking）的文章，成為臺灣課程研究那個開路的人。

直到現在閱讀歐老師的著作，仍可以看出那個有個性，對於研究認真對待，不斷探索cutting-edge課程理論的學術特質。就是因為這樣的態度，造就那個為我們開路的人。至今幾十年，我們都還是嘗試超越中⋯⋯

臺灣師大教育學系教授　卯靜儒

推薦六

歐耶，遇見您真好！

05年（2005），我的導師余文森教授帶著我，第一次見到了歐用生教授，從此開始了我倆的師生緣。

其實在F4（福州教育學院四附小的暱稱），很多老師都不稱他歐教授，而叫他「歐耶」，開始只是幾個年輕的小老師喊他：「歐爺爺」，每次聽了課，他總是真誠地誇讚，誇得小老師們信心倍增：「謝謝歐爺爺！歐耶！」每每此時，歐老師也總笑開了花，像個孩子一樣伸著倆指頭回應：「歐耶！」就這樣喊著喊著，「歐爺爺」變成了「歐耶」。

我還是不敢造次，帶著恭敬和歡喜心稱他歐老師。我們都特別渴盼聽歐老師的點評和報告，他輕聲細語娓娓道來的報告一下子就能讓全場肅靜，所有的人仿佛都屏住了呼吸，生怕錯過哪個字哪句話，仿佛錯過了那個字那句話就會錯過重要的祕笈寶典似的。

我更喜歡靜靜地、一遍又一遍地讀他的文章，《聽覺轉向——臺灣中小學需要「寧靜的革命」》、《學習的革命：本土實踐的反思》……歐老師站在理論的高度給予我們直擊要害的論述，每一個字，每一個詞都需要我們反復對自己的實踐進行反思才能感悟到。還有那一篇篇課程語錄《課程是故事》、《真實性學習》等更是妙趣橫生，妙語連珠，生動的比擬隨處可見，他形容失去學科本質的學習為「沒有蛋的蛋餅，沒有蚵的蚵仔煎」；他用「三藏取經」的故事來

形容不同於協同學習的合作學習……高深的理論化作最貼己最接地氣的話語，還添加了幽默這一調味品，讓人忍俊不禁。可能此時你正站在理論的門檻前不知該如何向前邁步，但他深入淺出的道理，讓我們有章可循，有法可依，明晰道路就在腳下，而且該往哪個方向走才能走得更好，走得更遠。

　　今年暑假，他和佐藤學教授應邀來到F4參加學習共同體研究會，聽了李研老師的童詩閱讀創作課及八位老師的議課，毫無保留地和我們分享了實踐學習共同體的「歐六點」，我們如獲至寶。幾天後，我收到了他從海峽彼岸發來長長的近千字的微信〈媲美濱之鄉的學習饗宴〉，看著看著，我竟淚流滿面，心中就一個詞：「懂你！」他像一直陪伴在你身邊的智者、長者，他懂你一路走過的艱辛！他懂你磐石般的信念！他還說「F4有54個班，每班學生都超過50人，卻能全校實施，而且都能達到水準，可見只要有心，大校大班都不是問題……」他就這樣帶給我們智慧和能量，而這巨大能量的鼓勵發自於那並不高大的身軀，而這股力量將引領著我們向更美、更加深度學習的課堂風景追溯，向更遠的未來前進。

　　最後忍不住要說：歐耶，有您真好！遇見您真好！

時任福州教育學院四附小校長
現任融僑賽德伯學校中方校長
林莘
2018年11月

推薦七

　　本書從臺灣教育的歷史軌跡出發，在著眼世界教育的變革中，進一步回頭省思臺灣教育的現狀，是一本深入淺出、發人深省的教育箴言。感謝歐教授著作本書，帶領我們教育人思考臺灣教育的新境界。

日本法政大學　黃郁倫

（臺大外文系畢業，東京大學佐藤學教授博士生）

自 序

　　你們會電腦，但我的腦被電到！對3C產品，我並不喜歡，甚至有些厭惡、恐懼。但去年在幾位朋友的慫恿下，設了臉書，笑說終於有臉見人了。歐老宛若進大觀園，事事驚豔、處處驚奇！看到臉友學校經營心得非常佩服，有的報導景點、旅遊、吃喝玩樂，好生羨慕！

　　作為一位退休的課程研究者，我可以和臉友們溝通些什麼呢？

　　去年3月初，順手拿一本很愛看的書M. Doll的《Like Letters in running water》，她說她到日本長野縣旅遊，住宿深山的小旅館，床頭放的東方經書寫著：

　　字有三類

　　寫在石頭上的字

　　寫在沙上的字

　　寫在流動的水上的字

　　M. Doll立刻悟到，這代表三種不同的存有。我非常喜歡這種看法，於是順手寫在紙上。

　　M. Doll：字有三種

　　寫在……

　　寫在……

　　寫在……

　　它們各有什麼涵義呢？

字還可以寫在哪裡？

請助理幫我在FB上發文，想不到課程語錄就這樣誕生了！

我回顧自己的人生履歷、自己的課程旅程，將讀書、研究、教學心得，和參與課程改革的所感、所思、所悟寫下來，並配合當代氣氛、情境和議題，讓理論和實際對話，讓課程理論活在經驗中，偶而也揭露些文獻上缺少的、少為人知的祕辛。

於是……語錄98、99，一下子就100了。謝謝臉友們的回應，有的還很客氣的提出不同的看法。我希望課程語錄不是寫在石頭上的經典，而是寫在流動的水上的字：在被／批判中不斷生成，解／再建構！Popkewitz說，任何知識都是危險的，都要加以質疑。知識之美就美在鬥嘴鼓，為何要一言堂呢？

感謝為語錄出版奉獻的每位朋友！

和生命時光賽跑

屬於歐老師的課程語錄終於成書了！欣慰之餘，卻也無限感慨……

103年（2014）9月接受大腸癌手術之後，歐老師就展開了和自己身體內「非善」細胞的長期抗戰：每個月必出入醫院、每天必有瓶罐藥物、每年數回的超音波、MRI、CT攝影……雖說「與病共舞」是歐老面臨折磨勇於面對的堅強承受，但爲治療所接受的手術和服用的藥物卻也帶來諸多難受的苦痛和不便。

術後的大腸長度改變，從此影響了歐老排便的順暢……初期一天報到好幾回，不方便的衝擊慢慢地接受適應了，怎奈兩年過去又有了變化；無法順暢的日子似乎比重多了……順與不順的再三循環，心理負擔沉重……只要隔日未能順暢便讓歐老憂慮掛懷……；認掛肛門科、結伴軟便劑並未完全解除歐老苦痛，直至今日，這份壓力依然持續，痛苦依然不時地存在！

歐老爲大腸癌開刀的時刻，同時也被宣判肺腺癌的存在。術後體力稍稍復原即展開另場「戰線」，醫師採用標靶藥物給予治療，服藥控制看似較爲輕鬆，帶來的副作用卻不可小覷。全身皮膚出現小小紅點、難以抑制的癢症發作，求診皮膚科一管接一管的藥膏，搽多了心也不安……摯友尋來天然、有機的絲瓜水，總算稍有緩解，從此不管南來北往，行囊中永遠少不了絲瓜水和時刻備用的藥膏。

排便的經常不順暢已是日常生活中的例行苦楚，標靶藥物的促癢自是苦痛的添加，然日子總得過下去……勇者歐老也就和他的「痛」同進共舞，努力生活：醫院該報到就如期前往，該上的課、已應邀的座談、演講、口試……等，除非特殊情況均一一完成，真真正正地「與病共舞」。除了家人和少數三、四個極親近友人是歐老主動告知同時罹肺腺癌外（大腸癌開刀是大眾所知），他未曾對學生、同事和朋友訴說自己的痛與苦……。

有幸作為歐老師願意訴說病況的對象，自然時時會關心、探詢歐老身體狀況有否改善或又違和？聽聞接受肺部定期檢查時，自然也會詢問結果。從103年年底至106年（2017）4月，記得歐老師一開始的回答是：「醫生說很好、很好，沒有變化！」接著的回答是：「還不是一樣『很好、很好，沒有變化』」透露出些許疑惑和被待以「例行公事」的無奈！然而這「例行」的、「無奈」的醫囑，106年6月之後，竟然成了歐老期盼能再聽到的「悅音」！

這回醫生不再說「很好、很好，沒有變化」而是說「癌指數升高了……」。

連串的再檢測，聽歐老的結果陳述，電話另一頭的我心速加快、肌肉緊繃……幾乎無法接話。腦癌確診：四個部位四顆竄出的腦部腫瘤，比健保署核可費用還多了一顆……但重點不在費用；是否接受放射

線治療，讓歐老陷入長考的卻是治療過程和治療結果可能產生的「萬一」……；「萬一」出現影響認知……、「萬一」影響語言……、「萬一」影響四肢、行動……。雖說醫療進步，但誰敢百分百保證絕對沒有「萬一」？！加上肺腺癌依然存在、且引發（擴散？）了腦部腫瘤，就算幸運未有「萬一」，但哪天是否哪個器官又有新發現？

　　思及腦中樞的影響深遠，想到幾年來的身心煎熬，感於已面臨或將失能、失智的困境老年……。雖然歐老仍依約醫院報到，但始終沒有和醫生作進一步的放射線治療安排，顯然他已下了決定為自己作了選擇——選擇共存、共亡，放棄治療之旅！

　　一個月一個月的過去了，生活正常如昔，前述的不正常「方便」折磨如昔，皮膚伺候「絲瓜水」如昔，來來去去任務如昔。外人看來一切正常的歐教授歐老，內在感傷增多了……，對死亡議題敏感了……，尤其在決定放棄之後的106年8至9月期間，歐老的傷感和心痛，讓我深刻到忍不住在自己的記事本留下了文字：

08/29　七張站前　坐著等候的歐老垂著頭……
　　　　～久久未察我和小吳的接車已抵
　　　　心情低落明顯可見～

　　　　　　原來才剛離開臺大醫院胸腔外科、放射腫
　　　　　　瘤科診間……

08/30　南勢溪畔聞鑼鼓相映……
　　　　　　感青山綠水寧靜悠然……
　　　　　　卻熱淚盈眶默默擦拭……

09/03　交出中國教育學會邀稿
　　　　　　心想或許是生命中的最後一篇……
　　　　　　悲從中來……啜泣聲線端入耳

09/05　20：45嘉義高鐵站等候友人
　　　　　　車站響起「驪歌」樂聲
　　　　　　被觸發的感傷歐老忍不住撥了電話……
　　　　　　泣聲連連無法言語　嚇壞另端的我……
　　　　　　竟是「驪歌」傷情無法自抑……」

　　那之後傷感依舊，偶而仍見泛淚的眼眶……面對自己腦中樞病變與棄療所可能發生的「離世」、永遠「出境」的情景，任誰都難免觸景傷情……。何況常說自己哭點很低和孫女一樣愛哭的感性歐老！

　　時序進入107年（2018）10月，一年過去，歐老依然堅強地、如昔地過著他南北授課的生涯。偶而造訪學校，和老師、校長聊天，偶而好友為伴走訪青山綠水。然開朗、親和的笑容背後，身體狀況卻已大幅衰退：5月開始，左手無法掌控地抖顫，次數日益頻繁，甚至影響著衣、用餐……，去年10月開始感覺發硬的

雙腿，走起路來越發舉步維艱、負擔沉重……。手腳所受的攻勢，歐老仍勇敢的接招，抖動的左手靠著桌緣拿著手機，右手依然一個字一個字地打著他的語錄……

一篇篇的語錄，3月開始發布在歐老去年10月登錄的FB上；自知終將面臨腦癌困境的歐老，曾期待學生五奇的訪談自傳成書時，能傳遞他的課程理念和對後進的期許。未料課程語錄一起始所獲得的回饋與讚賞，竟讓歐老尋得一條「出路」：可隨心所欲談所看、所思、所感、想說的話……，如語錄95生命中的等待～不就恰恰是歐老自我心境的寫照？！

10月底，和一前輩好友相聚，言及語錄中自己的思想、理念、經歷……種種，即將由五南圖書出版時，歐老對著也讓他尊敬的前輩好友蹦出了這句話：「我覺得老天是眷顧我的！」

說這話的同時，歐老師右手始終按撫著他的額頭及右側頭部……。頭疼發作已是8月以來的每日「襲擊」，或微、或猛，或短、或長，都非身體的主子歐老師所能控制；雖說顯現的痛感，讓好友不忍與心疼，但勇者歐老面對此擊，竟也覓得「緩解」之道：「思考+書寫」！唯有沉浸、專注於「思+書」的時刻，那磨人的頭疼竟可退居一旁暫時無感……，加上自覺每況愈下的身體狀況，或有馬上無法思考、書寫的憂懼……，於是如賽跑衝刺般地，課程語錄產出的

速度較初始加快了，以往每週兩篇，而今不足兩天就一篇……光是10月份就由語錄86累積到語錄107，足以證明歐老的焦慮與心急；身況愈下，急迫感愈上升……

為歐老能「暢所欲言」感到開心的同時，卻也感知他的頭疼必然倍加苦痛；協助歐老課程語錄彙集出書的同時，怎能不無限感慨呢？

徵得歐老師同意，寫下我所知的歐老受難歷程，除了期許某一天歐老需要時，有更多的人幫他；也藉此表達五南圖書為歐老師出版此語錄的重大意義並致上謝意；更期盼所有歐老師的學生、好友、臉友、夥伴都能珍惜這本「歐老師和生命時光賽跑」所完竣之書！

※Ps：本文呈請歐老過目之際，獲知病變倍增、痛擊倍加！

莊友　2018年11月

（作者80年代即為歐教授公務助理，

之後樂任歐老師志工迄今）

目　錄

課程語錄 *1* 字有三類

M. Doll說，字有三類：
寫在石頭上的字
寫在沙上的字
寫在流動的水上的字

它們各有什麼涵義呢？
字還可以寫在哪裡？

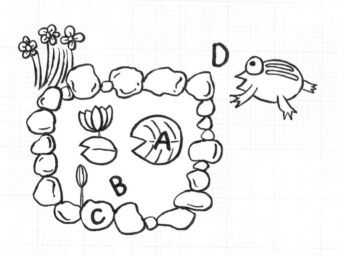

課程語錄 2
學習、共同體，再概念化？

　　臺灣中小學實施學習共同體已有六年，推展情況如何？大家都很關心，宜加以檢討。

　　佐藤學教授2018年3月31日受邀到國家教育研究院學術報告，提出他的看法，頗值得參考。

　　他從普及度、哲學和領導等三層面，比較了日本、南韓、大陸、臺灣、印尼、泰國和越南的實施情況，令我訝異的是，在民主主義上，臺灣和大陸被評為不足，尚待努力。我們要虛心接受，詳加檢討，作為改進的參考。

　　他建議我們重新思考，學習、共同體及將它們連結起來的民主主義這三個概念。

領導與夥伴關係

12	Principal（校長）	Parent（家長）	Board of Education（教育局處）	University（大學）	Supervisors（指導員） Books（書籍）
Japan	◎	○	◎	○	100◎
Korea	◎	△	◎	●	140◎
China	◎	△	◎	○	5◎
Taiwan	◎	△●	◎△●	○	30◎
Indonesia	○	○	○	◎	50●
Thailand	◎	△	△	◎	50●
Vietnam	◎	●	◎	●	10●

哲學、品質等

11	Inquiry（探究）	Collaboration（協同）	Quality（品質）	Collegiality（同僚性）	Democracy（民主主義）
Japan	◎	◎	○◎	○	◎
Korea	◎	◎	○	◎	◎
China	◎	◎	◎	△	△
Taiwan	○	◎	△	○	△
Indonesia	△	◎	△	△	○
Thailand	○	△	△	◎	◎
Vietnam	△	◎	△	◎	◎

「學習共同體」的普及（學校類別）

	小學	國中	高中
Japan	○	◎	△
Korea	●	◎	○
China	◎	●	●
Taiwan	◎	○△	○●
Indonesia	◎	●	●
Thailand	◎	○	○
Vietnam	◎	●	●

課程語錄 *3*　美學的覺醒功能

V. Schklosky說，周遭的人都睡著了，藝術的功能就是要將睡覺的人搖醒，要如何將他們搖醒呢？你要輕輕地搖動他們，一直到他們醒來。

有人問，如果一直搖不醒呢？

是喔！不知有什麼其他的搖法？

課程語錄 *4* 生涯（被）規劃？

　　有人說，人生三十而立，四十努力，五十收割，六十享受，七十打打麻將，八十曬曬太陽，九十躺在床上，一百掛在牆上！

　　這樣，人生不就是早被規劃好了嗎？還有什麼生涯規劃？

　　妳／你說呢？

　　M. Greene要我們意識覺醒，釋放想像力，站在自己的土地上，睜大眼睛看，豎起耳朵聽，唱自己的歌，說自己的故事。

　　這樣才能改寫別人在別的地方、為別的目的、替我們寫好了的劇本，才能掌自己的舵，將船駛向自己想去的方向，才能以多彩的調色盤，彩繪自己的生命旅程！

課程語錄 **5** 如果孔子玩iPAD？

生活在科技社會中，我們須具備怎麼樣的資訊素養？

請想像下列三個畫面：

畫面一，子在川上曰，逝者如斯乎，不捨晝夜！

畫面二，如果孔子站在二仁溪畔？

畫面三，如果孔子玩iPAD？

想像這三個畫面，我們可拼貼出怎樣的資訊素養？

課程語錄 6　大欸？aniki?

　　學習共同體創建者日本東京大學佐藤學教授近幾年來多次到臺灣各地講學，我也常有機會受邀去學習，他開講時一定先說，我們有40年以上的交情，而且我是他的aniki。郁倫老師翻譯說，我是他的大欸，他會俏皮的連說幾次大欸！大欸！

　　佐藤教授少我8歲，1975年，我考進東京大學博士班時，他才入修士（碩士）課程，因同屬課程專業，常在一起修課，從此結緣。40餘年來我們各自奮鬥，但友情不減。4年前，我手術住院，他一得到消息，說想立刻來看我，我大力安慰他，勸阻了他。這種異國友情和學術一樣的尊貴、久遠！

課程語錄 7
民主，你是民，我是主？

最近和一群校長、老師談到佐藤學教授說臺灣學校教室的民主較不理想乙事，她／他們立刻顯現不悅的神情，我舉些例子後，有的還會說，哪有！哪有！我還不知趣地說，就是哪有，哪有才是問題，更讓他們不高興。

我也認為自己很和藹，很民主，但當博士生將印有「歐語錄──沒發言不准吃飯」的T恤給我時，我才意識到自己用了這麼威權的語言！

在民主被標榜為核心價值的當代，承認自己不民主，將觸動心靈的脆弱性，誰願意？

民主真的只淪為：你是民，我是主？而且還不自知？

課程語錄 *8*　大師風範

　　近日陪佐藤學教授到臺南、屏東、雲林、嘉義等地去學習，親炙課程大師的風範。

　　他到每所學校都先感謝校長和老師提供給大家學習的機會，進出每間教室都鞠躬向老師致謝，在教室中仔細觀察，詳實記錄；在專題演講時，將所見所聞及所思融入學習共同體的理論中，和大家一起討論。

　　佐藤教授到過30餘國，走訪500多所學校，進入數千間教室，淬鍊出敏銳的感受力。走進一所學校，就可聞到、聽到、知道這所學校的文化；走進一間教室，就立刻覺知課堂學習有否成立。

　　這種專業的敏銳度、感受力，是課程研究者必備的素養，我們要學習這種大師風範！

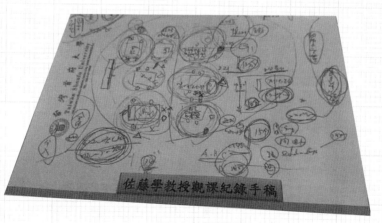

佐藤學教授觀課紀錄手稿

課程語錄 9
跳下神壇，回到人間！

最近某大臣「我是一個不會作錯事的人」的一句話，引起教育界的撻伐和批判。

但教育工作者在批判之餘，是否也該以這一句話來自我檢討和反省。

我15歲開始接受師範教育，最常被提醒的一句話是「為人師表」，於是慢慢學到，教師不能錯，不能說不會，是全知，是先知。18歲就戴著這種面具開始教書，有一次在黑板上寫錯一個字，學生說：「老師中華的華寫錯了！」我沒有認錯，還硬拗說：「我故意寫錯，小華最細心，發現錯字了，很棒！」自以為全知的我就這樣騙了學生，騙了自己，而且從沒有自我反省過。

教育工作者很難真正看到自己，社會文化把教師神化了，把天地君親師的神主牌硬加給教師，結果，教師也自我神格化，還自以為不會作錯事。

現在，教育工作者是否該跳下神壇，走入人間。神仙打鼓有時錯，何況我們不是神，只是人。讓我們勇敢的說：「對不起，我錯了！我會改進。」勇敢的說：「這裡我不會，我們一起來學習！」

課程語錄 *10*
課程是經驗／驚艷之旅

有人說，學習始於驚奇，終於驚奇。

其實，學習始於驚嘆號和問號，而朝向驚嘆號和更多的問號！

課程（currere）是跑的過程，在跑中和自然相遇，探索世界；和他人相遇，擴展人際；和自己相遇，覺醒自我！所以課程是人與自然、社會，人與人，人與自己的相遇和對話。

在跑的過程中，我們經驗了喜悅／哀傷，興奮／挫折，歡笑／悲淚，希望／失望……每天都不一樣，每次都是第一次，每人都是陌生人。老師、學生們一起分享這些經驗的旅程就是課程，就是學習！

課程是師生共舞的旅程，共享經驗的驚艷之旅！

課程語錄 *11* 教師的生存美學

去年到大陸和教育工作者分享臺灣的學習革命，一位教授說：「學習共同體強調學生主體性，那如何突顯教師風格呢？」

當時我這樣回答：「教師不僅要突顯教學風格，更要塑造生存美學！」

Huebner說：「教職（vocare）是一種呼喚，教師會聽到多元的呼喚、學生的呼喚、知識的呼喚和制度的呼喚。」Aoki說：「教師一直活在學生主體、教材價值和教師哲學三者間的緊張性中！」

教師要聽到並回應這些呼喚，以愛來回應學生的呼喚，以真理來回應知識的呼喚，以正義來回應制度的呼喚，以誠實來回應自己的呼喚！

這樣，教師在與他者（人、事、物）互學過程中，用創意的、試驗的方式，將自己和他者雕琢為藝術品，活出自己。

這就是教師的生存美學！

課程語錄 *12* 在黑暗中書寫

博士生說：「論文寫不出來耶！」

我回答：「把燈關掉，在黑暗中書寫！」

如Greene說的，關掉你的燈，拋開原有的定義和區分，看看這是什麼、那是什麼，但不要用既有的概念去命名！

Manen認為，黑暗是方法，黑暗帶我們進入神祕的、魔法的、靈性的空間，聽到以前沒聽過的，看到以前沒看過的，想到以前沒想過的。以前被隱藏的現在顯現了，以前被視為理所當然的現在可質疑了。

這時，思緒奔馳，文思泉湧，書寫就開始了。但不是我在寫字，而是字在寫我，字自己跳進文稿裡面來。這時，真是下筆如有神，甚至還能神來一筆！

我的學思歷程也大部分是在黑暗中書寫，發現新的可能性，找尋人生的更多和豐富！

課程語錄 *13* 聆聽土地的聲音

去年一位學生新任國小校長，要我去為他勉勵一下。我簡短致詞，主要內容是：校長要聆聽土地的聲音，向學校的歷史學習。

夏威夷原民社會依據扎根的認識論，強調心的知識、血的記憶和土地的聲音，依據這三者設計的課程，才能體現校本課程的精神，學生就能進行有感的學習。

許多校本課程流為校長課程，因為校長只突顯校長的哲學，沒有聆聽土地的聲音。Aoki認為土地的聲音來自於音樂的幾何學（geometry）。geometry本來是音樂的概念，geo是指土地，土地之母Gaia孕育的土地；metry指土地的脈動和節拍的聲音，傾聽土地的聲音就是傾聽Gaia的呼喚。傾聽土地的微妙的、真實的聲音，充滿生命力的、澎湃的聲音，並由此學習。

因此校長要傾聽土地的聲音、師生的聲音和自己的聲音，生活在師生主體、學校社區的歷史文化和校長哲學三者間的緊張性中。

課程語錄 *14* Orpheus的凝視

　　宙斯神之子奧菲思（Orpheus）擅長唱歌，在他的愛妻被毒蛇咬死後，把自己關在冥界的暗道中，以悲悽的歌聲懇求神讓他的愛妻復活，讓她回陽界和他一起過白日的生活。

　　神答應他，但有一個條件：他的妻子走在他後面，一直走到暗道盡頭，看到陽光了，才能回頭看她。

　　於是他走前面，妻子跟在後面，亦步亦趨，而且完全沉默……

　　走著，走著，眼看就要走到暗道的盡頭了，快看見陽光了，但Orpheus卻猛一回頭，瞬時他的愛妻化成一陣煙……

　　Orpheus在黑暗中想些什麼？

　　眼看要離開黑暗了，Orpheus為何回頭凝視？

　　Orpheus的凝視，在課程研究上有何意義？

課程語錄 *15*
吃過早餐了，就去洗碗筷！

和尚向大師請益：「請開示我禪道吧！」

大師笑著問：「你吃過早餐了嗎？」

「我吃過了啊！」

大師淡淡的說：「喔！那就去洗碗筷吧！」

吃過早餐就去洗碗筷，這就是生活，就是學習，在生活中學習，學習如何生活！

禪道就是這麼自然、自在、平凡！但是在自然中隱含真理，在自在中蘊含智慧，在平凡中滲透非凡！

這就是教學美學！也是教師的美學素養！

課程語錄 *16*
瘦身熱如何興起的？

　　現在，臺灣女性，甚至男性都急著瘦身減肥，瘦身已成為全民運動。瘦身成為當前的主流的、最有價值的知識，這種現象是如何形成的呢？用Popkewitz的話來說，最有價值的知識是如何可能的？

　　對知識的提問方式，最早是斯賓賽的「什麼知識最有價值」，但1970年代初期，Apple改問：誰的知識最有價值？強調知識是權力、意識型態的問題，權力團體決定最有價值的知識是什麼，壓迫沒權力者接受。

　　從這個觀點來看，一定有權力團體壓迫女性去瘦身。請問急著瘦身的女性們：有嗎？

　　可見Apple「新馬克斯主義」壓迫性的權力觀是有限制的，所以Popkewitz改問：最有價值的知識是如何可能的？他依據後結構主義主張發展性的權力觀，女性也是權力的主體，自己發展關於瘦身的知識管理自己，自己決定瘦身。

　　請問妳／你認同哪種看法？

　　妳／你覺得對知識的提問方式，哪種比較有趣？

課程語錄 *17* 寧靜的革命

日本神奈川縣睦中學是實施學習共同體很踏實的學校，佐藤學教授帶我去參訪兩次，我也帶臺灣校長教師參訪團去過兩次，印象最深刻的是該校的寧靜和教師圖像。

作一位擅於聆聽的教師，不僅聽到（對方的）聲音，聽到他們的樣子，更聽到彼此的關聯！不僅用耳朵聽，還要用眼、鼻、舌、手、腳聽，全身心都來聽！聆聽是溝通的開始、教學的開始，學習始於聆聽！

這已是一種對立感官的和諧，模糊感官的界限，感官互相使用，能嘗到畫作的影像，聽到它的味道，傾聽光線，在舌上品嘗！能用第三眼聽，用敏銳的耳朵看！

睦中學繪出了好美的教師圖像，呈現了好美的學習風景！

現在的臺灣，嗆聲多於對話，說服多於溝通，很需要傾聽的環境。這需要一場寧靜的革命！

課程語錄 *18* 我的身體課程

　　身體本來是課程的一部分，但理性主義興起後，身心二分且獨尊心智，身體被逐出課程門牆，被迫從知識中流亡。

　　但在後現代潮流下，繼語言學轉向之後發展的身體轉向，讓身體回鄉，為身體課程復權，於是身體和課程教學又再相遇，和學習相遇，身體擁抱學習。

　　身體終於回到課程學術的舞臺。

　　2014年9月起，我的身體歷經苦難。手術出院後，開始和身體對話，並書寫「我的身體課程」，記錄身體狀況和經由身體的所感、所思、所夢，斷續至今。

　　身體是不會說謊的，和身體的對話是最真實的。身體化的課程和學習，才是有感的、有溫度的。

　　偶而重讀我的身體課程，每次都會流下不同顏色和味道的眼淚！

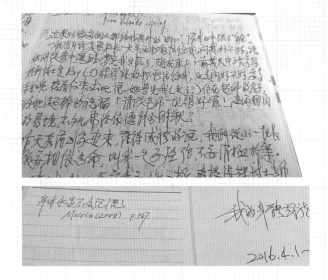

課程語錄 *19*
熟悉的地方沒有風景？

每次到風景區去玩，當我們盛讚好山好水時，陪同的當地朋友通常會笑笑的補上一句「好無聊」！

是嗎？熟悉的地方沒有風景？校長在繁忙的校務中，只能年復一年？教師在忙碌的課堂中只能日復一日？

熟悉的地方真的沒有風景？不是耶！很多校長展現了校務的新風景，很多老師呈現了課堂的新風貌。

那如何在熟悉的地方看到風景？

首先，轉向陌生。化熟悉為新奇，見不怪為怪，無中生有，有中生新，則每次都是第一次，每人都是陌生人！

其次，轉向藝術。將例行的工作轉為藝術的創作，將日常的作業轉為創意的作品！

第三，轉向動詞。課程已由curriculum轉為currere，是一直跑；學習是旅程，也是動詞，校長、教師、學生也要經驗為動詞！

最後，轉向游移。不是either/or，而是and；並非二分，不是這個就是那個，而是和、和、和，有很多和，既有這個還有那個，還有更多！

請大家提供更多的轉向，一起在熟悉的地方找風景！

課程語錄 *20*
當佐藤學遇到葉丙成

　　臺灣翻轉教育的潮流中，由教授主導的有日本東京大學佐藤學教授提倡的學習共同體，和臺灣大學葉丙成教授主張的BTS。如果他們相遇會迸出什麼火花？我給博士生作業並討論。

　　葉教授在他的書中說，不管阿佐或阿丙都用各自的理念和方法，教出各自期望的學習成效。博士生對這個很有興趣，大都認為BTS都在網路上學習，各組設計題目來考倒別組，各組互攻、互相評分，學生們要搶答、搶分數，把別人比下去，藉著競爭、分數來引發學習動機。所以葉丙成小孩是擅長網路、有企圖心、高效率的機器寶寶，甚至是澈底打敗他人、申張強者正義的機器戰警；而佐藤學小孩則是在互問、互聽、互惠的環境下學習的，互動、共好的人性化的溫馨寶寶。

　　這些討論太重要了，課程教學是道德的工作，須有倫理性的思考。今天在愛拼才會贏、不能輸，尤其不能輸在起跑點的強者邏輯主導的新自由主義下，生存成為孩子們的夢靨。我們還要只會相互廝殺，把別人鬥倒的機器寶寶或戰警嗎？

　　所以翻轉是？前滾翻？或後滾翻？

課程語錄 *21* 向天公借膽？

　　1978年年底，我從學習、研究了8年的日本東京大學回國，皮箱滿裝著M. Apple等新馬克斯主義學者的著作，腦海也滿載著霸權、意識型態、潛在課程等新馬的思想，並將這些學習發表了幾篇文章。1985年發表的〈國小社會科教科書意識型態之分析〉乙文探討教科書中的政治、性別、種族的意識型態，揭露教科書中的反共第一、領袖崇拜、仇日恨日、臺灣天堂／大陸地獄的對比等政治意識型態。我自詡是一篇很不錯的學術論文，卻引起情治單位和學校人二的注意，差點讓我付出代價。

　　我南師學弟、前教育部部長杜正勝先生，在《民主視野》2015年12期的一篇文章中提到，歐氏的這些言論看見了臺灣教育的真相，這在80年代中期是「向天公借膽」才敢說的話。

　　回想起來心有餘悸，其實再怎麼大膽，也不敢向天公借膽。也許只是憨膽，也許習慣了東京大學自由、開放的學風，忘了我已經回到戒嚴令治下的臺灣。

　　我那篇文章發表後，掀起一陣意識型態、潛在課程研究和教科書分析和批判的風潮，對教科書的自由化和民主化有相當的影響。

最近清華大學蘇永明教授對該文提出一些評論，並給予這樣的定位：該文在當時已掌握了豐富的文獻，開啟對教科書研究的先鋒，雖然已過了快30年，至今仍為許多論文倣效的對象。

　　後現代思潮興起，課程學術已展現了不同的風貌……

課程語錄 **22** 媽媽不掃地後？

　　我在1980年代初發表一篇教科書中性別意識型態的研究，發現國小教科書中千篇一律：男校長、女老師，男醫生、女護士等。國語教科書更明顯，圖文並茂的寫／畫著：爸爸早起看書報，媽媽早起忙打掃！女性在教科書中被忽視、省略，被刻板化，甚至被扭曲！

　　文章經《聯合報》報導，引起性別研究團體的關注。臺大、清華、淡大等校學者邀我去報告。座談後，她們覺得事態嚴重，對中小學教科書全面體檢，訴請國立編譯館修正。聽說在國語科教科書編審會議上，有位資深的女學者委員堅持不改，爸爸看報、媽媽打掃既押韻、展現文字之美，又合乎社會分工的現實，哪有什麼意識型態？最後在國立編譯館強壓下，媽媽才由忙打掃改為作早操。

　　媽媽由打掃變成作操，男女就平權了嗎？一位女性知識分子沒有意識到自己被壓迫，又不接受新的理論典範，這裡就可看到意識型態的複雜性！媽媽改為作早操了，進步了嗎？不少女老師說雖不滿意，但至少不用掃地了！其實細加分析，其基本假定仍然是不平等的：男主外，爸爸關心國家大事，所以早起快看報；女主內，媽媽早起無事可作，只好作作操！

　　請問媽媽們，不掃地後，妳解放了嗎？

課程語錄 23
教師是元凶？……或受害者？

再製作用是批判教育學的重要概念，例如：男女性別生來就不平等，教育就是要教導學生性別差異不是本質性的，而是社會建構的，以促進男女平權。

但學校卻透過顯著課程、潛在課程教導男主外女主內，不僅沒有促進男女平權，更扭曲、加深了男女的差異，又再製了性別意識型態。

那麼在再製作用中，教師扮演什麼角色？是元凶？幫凶？共犯？或受害者？由於教師沒有批判和反省教科書中的性別意識型態，正式教導爸爸看報、媽媽掃地，或在言行間傳遞男女不同，學生慢慢學到男性獨尊的家庭觀或世界觀。在這樣的性別意識型態的再製中，教師即使不是元凶，至少也是幫凶！

我問過很多老師這個問題，她／他們大都說從沒有想過這個問題耶！也許她／他們也是受害者。

請問妳／你怎麼看呢？Greene鼓勵教師要作哲思（do philosophy），我們一起對這個議題作哲思吧！

課程語錄 *24* 傾聽童音

Davies從Delezu生成的觀點探討兒童聲音的議題，提出即興式聆聽（emergent listening）的概念，即不是抱著既有的範疇或偏見來聽，將聽到的列入原有的預設內，以便管理和控制；而是開放全身心來聽，接受差異，接受多元性，準備影響別人，感動別人，也準備被他人影響和感動，這時兩人之間就產生一種內省的共鳴（intra-action），童音就有意義了。

昨日和快4歲的孫女遊玩時我體會了。

她拿幾把小茶壺玩，我一直告訴她，這很貴重，要小心拿，她也小心翼翼的觀察、把玩，假裝裝水泡茶給阿公喝。忽然一不小心，打破了一把，她知道闖禍了，不敢看我一眼，立刻躲進媽媽的懷裡，很惶恐的看著我。我笑笑的安慰她，下次小心就好，她才釋然。

下午她們母女吃綠豆糕，我看她一面吃，一面在觀察、把玩綠豆糕的盒子，到處摸索、敲打，並把盒子倒過來，綠豆糕掉了滿地。媽媽生氣責備她，爸爸要她說對不起，她哭嚷著「我不說對不起」，看見爸媽都不理，她很委屈的跑到我身旁。從她的哭聲我聽到她在說：我在探索耶！我沒有錯！為什麼要說對不起？

這時我感覺到，我聽到她了、看見她了，我們之間產生了內省式的共鳴。

小孩不受傳統經典的束縛，是發明和創造的朝聖者，我們可以向她／他們學習很多。王紅宇說得好：「大人要專注的聆聽小孩，更參與式的注視他們的眼睛，更有洞見的覺知他們的靈魂，以確認每個孩子的新奇性並加以激發。假如大人真心的打開眼睛、耳朵和心靈，活生生的孩子會給我們很多教訓，關於小孩的、關於理解和詮釋生命的新方式。」

課程語錄 25　A/R/T? A/R/P?

前幾日看到網友的一篇貼文〈女人，可以老，但要老得優雅！〉好棒喔！如果改為「人可以老，但要老得優雅；人可以病，但要病得優雅」呢？

課程學者早就力倡教師是研究者（teacher-as-researcher），接著強調教師是藝術家（teacher-as-artist）。最近英屬哥倫比亞大學L. Irwin教授與一些藝術家學者結合前面兩個理念，創出A/R/Tography這個概念（簡稱A/R/T），即教師要游移於教師、研究者、藝術家之間，游移於教學實踐、理論建構和藝術創作之間，以朝向真／善／美的境界。

2000年我們邀請Irwin來臺講學，我的一位博士生校長發問，她正在寫校長（principal）的美學實踐，能不能將A/R/T改為A/R/P？Irwin回答為什麼不可以？如果妳是母親，也可以用A/R/M啊！

2014年我的身體開始異變，手術住院。我成為病人（patient），立刻想到A/R/P，我是病人我要游移於病人、研究者和藝術家之間，病得有智慧、病得優雅。我與病體共舞，傾聽病體溫柔地說故事，關於人生的、生死的、教育的、哲學的故事。

此後我一直以A/R/P自勵，A/R/P像解毒劑，助我抗老解病，於是我不斷的閱讀、書寫、思考、沉思、反

省。這些都是認識論的，更是存有論的；學術的修煉同時也是靈性的修煉，希望蛻變為與現在的我不同的另一個我。

課程語錄 *26*
媲美濱之鄉的學習饗宴

　　2018年6月底和佐藤學教授受邀到福州教育學院第四附小（暱稱F4）參加學習共同體研究會，從一場媲美濱之鄉的學習饗宴，我看到了臺灣教改的盲點。

　　四年級李研老師童詩創作的公開課讓佐藤學教授讚不絕口，李老師充分掌握了文學的本質。童詩蘊藏世界的祕密，是兒童與自己祕密的相遇，兒童的想像力相互激盪迴旋於教室，迴蕩於師生、生生之間。而且老師避免了童詩教學只有語言對話的缺點，用很多時間讓兒童與文本對話；兒童細膩地閱讀文本，享受童詩之美。

　　議課也很精彩，八位觀課老師都各以一個小孩為觀察重點，細膩地觀察、傾聽兒童的言語、舉動，以及其與教師、組內同學間的關係。不僅看到兒童的臉，聽到他們的聲音，並看到、聽到彼此的關聯性、聯帶感，而且將看到的現象回歸到學習共同體的理論，讓實踐與理論辯證，可見老師們的學習是很真實的。

　　佐藤學教授稱讚這場公開課很棒，已達到日本濱之鄉小學的水準，我也覺得這是一場豐富的學習饗宴。

　　但臺灣呢？

　　F4實施學習共同體才4年，就獲得了這麼高的成就，得力於林莘校長的卓越領導、全體師生一起努力。林校長常說，他們是向臺灣學習的。但短短的4年內突飛猛進，已超越了臺灣。

臺灣常以大校大班作為不改革的藉口，若干實施學習共同體的大中型學校，也都在幾個基地班進行而已。但F4有54班，每班學生都超過50人，卻能全校實施，而且都能達到水平，可見只要有心，大校大班都不是問題。

　　臺灣老師視公開課為畏途，新課綱已規定教師每年要公開授課乙次，但許多教師仍心存抗拒。今年（2018）11月中旬，第八屆學習共同體世界大會將在福建師範大學舉行，20幾個國家的學者、教育人員約200多人將到F4參觀，除了開放所有教室外，已有20幾位教師搶著要擔任主場的公開課。

　　F4已放暑假了，但老師有很多暑假作業，每位老師要書寫學習共同體的故事或論文，準備出版專集，因此研習很多。我還和他們聊如何寫故事和論文，雖說自由參加，但幾乎全員到齊。

　　福建師大教育學院院長余文森教授說，臺灣比大陸強的地方是醫療和教育。是嗎？如果臺灣真有教育優勢，還能維持多久？臺灣也有可能看到媲美濱之鄉的學習饗宴嗎？

課程語錄 27
教師是善變的藝術家

課程、教學是藝術，教師是藝術家，而且是善變的藝術家。

首先，教師要去／植皮（un/skinning）。去可辨識的標誌同時換上新的標誌，即教師要變臉，例如：變成學生的臉，蹲在他們旁邊，和他們一起學習，向他們學習。

其次，教師要離／回家（un/home）。去熟悉性，離開舒適區，不能只有一本教科書，還可一綱多本，甚至無綱無本；雖然無家，但處處是家，有能力把每個地方都創造為舒適的家，但一腳踏進家門，另一腳就要準備離家（不是劈腿啦！哈哈！）

第三，換位置也要換腦袋（dis/position）。教師不僅是教師，也是人，人就不是全知，就有情緒，就會錯，就有不知。教師要適時拿下專業的面具，勇敢的說：我不會，我們一起來學習；我錯了，下次改進。

教師是善變的藝術家，要不斷的變臉、變心、換腦袋、變視角、變（心）性，但不是為變而變，任性的變，而是變得有藝術、有倫理。

如此則教師也是Deleze哲學家，發展很多的逃逸路線，作地下莖的思考，不斷的生成，苟日新、日日新、又日新。

課程語錄 *28*
你真的是那個歐用生教授嗎？

去年（2017）在幾位好友的拐誘下設了臉書，笑說終於有「臉」見人了。歐老進大觀園，事事驚奇，按了很多讚，留了一些言，看到熟悉的名字，立刻請求加為好友。想不到兩位應該很熟的朋友卻問：「你真的是那個歐用生教授嗎？」

我不了解他們為何這樣問，但如何回應他們「我是誰」至今仍困惑著我。身體異變後，一直期待趕快痊癒，回復生病前的我，但那就是真的我嗎？

我是誰？是那個或這個歐用生？同事心中的歐老？在歐爸講堂說故事的歐爸？大陸F4年輕教師眼中的歐爺？陸生口中的歐大大？到底是怎樣的一個人？我是憨厚的庄腳囝仔的大樹阿生啊？！是傳說中將學生論文丟到樓下的屠龍刀手？是常被說讀你的書長大的作者？或退休後含笑被孫弄的慈祥爺爺？

如何追尋自己？最近我從留美學人胡文松博士的後結構主體觀獲得啟示。主體不是本質的、僵化不變的，而是在與他人的關係網絡中浮現的，不斷的再／創造、再／建構的，所以強調人的消失、主體去中心化，在忘記自我、消融自我中，朝向自我與他者的重新導向、與自我的統整，即從忘記自我、迷失自我中，發現自己是誰。

所以研究自我就是忘記自我，忘記已有的東西，自我內觀，將自己從自我解放，讓自己更成為自己。

　　這不正是佛家、禪道所說的放空、放棄我執，這時雖說沒有我，但什麼都有了。

課程語錄 *29* 賢者師歷史？

俾斯麥將軍曾說「愚者師經驗、賢者師歷史」，是嗎？學習有賢愚之分？歷史比經驗重要？

事實上，經驗和歷史都是重要的學習管道。在經驗方面，Dewey早就在《民主主義與教育》，和《藝術即經驗》兩巨著中強調經驗的重要性，其教育意義早就被肯定。

歷史的學習則較為複雜。大家都認為歷史重要，但歷史易被遺忘（a-history）或被扭曲（un-history）。我上博士班的課程中，課程史是最易被倒課的，而且課程史有否教訓也有很多爭論。

美國課程史學者Tanner夫婦主張發展性的歷史觀，認為歷史是連續的、一貫的、線性的、因果的、進步的。因此課程史是一種實用的過去，不僅只是防衛性的、檢驗過去的失敗，以免重蹈覆轍，更應該是積極的、建設性的，只要站在巨人的肩膀上獲取前輩的經驗和教訓，我們就能前進。

但後結構主義反對這種發展性的課程史觀，例如：Foucault的系譜學強調歷史是斷裂、破碎、偶發的、不連續的，過去和現在不連續，將來也不能預測；並沒有巨人，因為理論家、教育者都無法告訴別人什麼是知識或真理，也不能指導他人如何行動或解決問題；

並非所有知識都是壞的，但幾乎所有的知識都是危險的，給別人教訓或從別人獲取教訓也都是危險的。

但Foucault要我們將知識問題化、歷史化，探討被我們視為理所當然的知識／真理為何是不能質疑的，也沒有被質疑。這種懷疑主義在歷史上是很重要的。

所以經驗和歷史在學習上都很重要，我們要以經驗為師，向歷史學習。

課程語錄 *30*
課程是美學（食？）文本

Pinar主張將課程視為文本，並從11種文本來理解課程，例如：課程是美學文本，從美學的脈絡和視野來理解課程。

研究生的上課嚴謹但有時也輕鬆些，到咖啡廳上課，或課後小聚、小酌，學生戲稱，課程是美食文本。

如果從Eisner教育鑑賞（connoisseurship）來看，課程確實是美食（酒）文本。他認為今天我們用的教育評鑑是依據早期科學管理的、工廠的模式，其科技理性的思維過於狹隘，窄化了教育現象的豐富性和複雜性；今天我們亟需一個描述、詮釋、評鑑課堂生活的，新的、非科學的概念，那就是教育鑑賞。

他以品酒為例，品酒師累積了對酒的特質和素質的敏覺，善用身體五官，運用視覺、味覺、嗅覺、觸覺等功能，敏於酒的色澤、味道、餘韻、均勻度等微妙的素質，對酒作綜合的判斷。

教育鑑賞是鑑賞的藝術，也是一種美學的求知方式。教師要像品酒師一樣，有描繪、詮釋和鑑賞教室生活的能力。教室生活是渾沌、複雜的、變化多端的、不可預測的，教師須有豐富的美學素養。如果能從美學、藝術的視野來思考學校的環境、課程、教學，將教師美

學素養視為教師的重要能力，則學校和課室將會有不同的風景。

我們要回應Eisner的呼籲，用教育鑑賞取代教育評鑑！

課程語錄 *31* 知識是危險的？

　　在課程語錄23論述性別平等教育議題時，有位網友提供很棒的不同的看法，讓我非常佩服。我用羅蘭·巴特「作者已死」的觀點回應並感謝他。讀者多元詮釋的自由是作者死亡的代價，很高興看到語錄引起多元的觀點和反省。

　　這位朋友還很客氣的說「是抒發感想」不是有意冒犯。知識論辯本來就是很棒的事，知識之美就美在互相答喙鼓，哪有什麼冒犯不冒犯的事。我的理由不是吾愛吾師，吾更愛真理這類現代性的論述，從後現代、後結構主義來看，師不是永遠為師，也沒有永遠的真理。知識是權力的效應，是特定的社會歷史的實踐。Popkewitz引用Foucault的論述，一再提醒我們，並非所有的知識都是壞的，但幾乎所有的知識都是危險的：看似解放的、救贖的論述，不必然是解放的、救贖的。蟲兒可以不覺醒，「早起的鳥兒有蟲吃」，隱藏的權力關係，就跟著起鬨嗎？不要認為知識是單純的、純潔的、免於權力汙染的，知識和權力永遠在一起，形成特定的知識／權力關係。

　　課程語錄不是刻在石頭上的字，不是放諸四海而皆準、百世以俟聖人而不惑的經典或真理，而是寫在流動的水上的字，一直在接受批判、不斷變動的、生成的、解／再建構的。

課程語錄 *32*
看見就是看不見？

　　西方認識論獨尊視覺，強調「I see」，表示「理解、理性、啓蒙」，而低貶「I feel」，因為情感、情緒、直覺等有害知性的發展。

　　但Eisner提醒我們，看見的方式就是看不見的方式。例如：地圖顯現了某些地方的特質，但同時掩蓋了其他的素質，如地方的感覺、外貌、味道、顏色、獨特性和當地人的生活方式等，所以地圖不是土地，和其他的任何觀點一樣是偏頗的，我們還要有其他看見的方式。

　　Eisner說，看見是一種成就，而不僅是一種行動，即一般的看是工具性的，未探討其素質之前就不看了，沒有立即效用的也不想看。所以要將一般的看轉為特定的看見（seeing），看見不僅是視覺的問題，還要加上知識和視野，是一種看到內在的看見。

　　看不見的另一個原因是，我們都帶著特定的理論或框架看，這些理論或框架大多是習焉不察的。從歷史來看，課程本來就是治理的問題，其蘊含的一套知識／權力建構的理性系統，成為一組標準和規範，決定我們如何看（聽、說、感覺和思考）自我、世界及其關係，我們在暗默中已被規訓只能看（說、聽……）些什麼，看

不到別人不要我們看的。

　　所以，看不一定看見，我們要用慧眼看，用第三眼看，用敏銳的耳朵看——Eisner說的「知識性的看」（epistemic seeing）——才能看到「因看見而看不見的素質」。

課程語錄 *33* 學校何去何從？

　　1970年初，墨西哥學者Reimer和Illich開始批判學校的潛在課程，揭發學校的不公不義、不人道、不人性，掀起一股deschooling的風潮。他們主張廢除學校，更要反「學校化」（schooled），反對學校對教育的完全壟斷和控制。

　　40年後的今天，學校還沒有被廢除，而學校化呢？

　　這幾天和快4歲的孫女遊玩時，看到學校化無所不在。她要我和她玩上學的遊戲：阿公，上課了，快來讀書，坐這裡，為什麼不寫作業？快！這樣寫，這樣寫啦！看到她爸爸在看電視就說：爸爸不乖，不讀書，要打屁股。立刻去打他的屁股。我說：阿公餓了，想去吃飯了。她居然說：不好意思，還沒有下課喔！不行！玩了很久才說：下課了，並哈哈笑出來，好像很快樂的樣子。

　　我愣住了，一個3歲多的小孩（沒有上過師培課程，哈哈）上幼兒園才1年，行為舉止完全像個正式的幼教老師，讀書、寫作業、上課、下課、不乖、打屁股等制度用語掛在嘴邊，她已澈底被學校化了（schooled）。可見學校化對人的影響既深且遠，反學校化並不容易！

1980年代教育界又展開另一波學校再造（restructuring）運動，強調學校本位管理、鬆綁、夥伴關係等，以重建學校，提高效能。

但Hartley批評，這波學校再造和效能運動、經濟符碼和文化符碼混合，生產者倫理和消費者倫理並存，表面上重視情意、賦權增能、擁有感等，實際上仍在追求效果、效率、管理。新現代主義者企圖用後現代的語言包裝他們的想法，使遊戲能順利進行，因此他提倡「學校再生」（re-schooling）。他說，不能de-schooling，完全依Illich構想的網路實施教育；也不僅要學校再造，更要在民主主義的複雜性和相對立的主張中，將學校再概念化……將我們重新社會化，否則民主將付出代價。

在de-schooling和re-schooling的論爭中，學校何去何從？

課程語錄 *34* 歐爸講「學」

2018年7月6日教育部在中正大學舉辦十二年國教前導學校協作計畫成果發表會，主持人周淑卿教授特設「歐爸講堂」，要我說說話。我特別穿上F4學習共同體的制服，闡釋「學」的意義，和校長、教師共勉。

依說文解字，學字下半部是建築物（例如學校）內有一位小孩，上半部是大人的兩隻手扶持著，中間兩個叉叉，上面的叉是和祖先的交流，下面的叉是和其他人的互相學習。

我從晚近的學習理論和實際提出兩大質疑：一是為何學習一定要在學校？二是為何只有小孩要學習？在生涯學習時代，不是人人都要學習，處處可學習？大企業家張忠謀說「我一生最大的財富是學習」；麵包達人吳寶春也說「冠軍只是當下，學習才是永遠」。去年我們有機會到福州網龍網路公司參觀，簡報同仁第一句話就說：歡迎各位同學。他說，他們員工上萬人，走進公司沒有董事長、總經理，都是同學。好棒的概念，可見企業都強調學習！

但臺灣才去職的教育部長不僅沒有強調學習，還說他是一個不會作錯事的人（什麼都會，所以不用學習）。Fullan早就感嘆，學校是教學和學習的地方，卻比企業更怕學習！這可能源於上述錯誤的學習觀：小

孩、學生學，大人、校長、教師教學生學，自己不用學。

　　課程改革的成敗繫於校長、教師的再學習，所以我們突破萬難，把校長、教師每學年至少公開授課乙次，列入十二年國教課綱內，希望校長利用公開授課宣示：我不會！我願意學，學習是我們學校的核心價值，知識創新與分享是學校的主要工作；教師也是一樣：我不會！但我打開門，互相漏氣求進步。於是校長、教師都在學，向其他校長、教師學，向學生學，向家長學，向自己學，人人學、處處學、時時學、事事學，學校就是學習共同體、學習型組織。

　　當日發表會以壁報的方式呈現，參加的校長、老師300多人，在壁報前互問、互聽、互學，構成一幅美麗的畫面！

　　校長、教師進行真實性的、深度的學習，才是十二年國教課綱的希望！

課程語錄 *35*
向上提升？向下沉淪？

哲學家Bergson說，我們的行動背後都有向下沉淪、向上提升兩股力量作用著。前者是不用思考的習慣性的、儀式化的行動，後者即Deleutz說的逃逸路線，抗拒現狀的誘惑，朝向未知的，看看更豐富的、更不確定的多元性。

臺灣中小學教室後面牆上的空間，我讀書時叫布告欄，我教書時稱為成績欄，都是教師工具性的、管理式的、權威式的使用，對學習的作用不大，但今天臺灣的教室空間仍大多數這樣被使用。

日本濱之鄉和很多學校都充分發揮空間的力量，把全班同學的作品都掛上，連續幾週的作品把教室四周掛得滿滿的，讓他們互相學習，而且學生可一再的比較、檢討自己的作品——當時我是怎麼想的，為什麼這樣寫、這樣畫——由此看見自己的思考，也可看見並學習別人的思考，深化彼此的學習。

這樣空間活化了，發揮學習，而且是互學的功能。但Bergson提醒，上升線和沉淪線是互相拉扯、相互影響的，上升線如果強到變成沉積物或具排外性，無法包容其他想法，就向下沉淪了，因此要隨時覺醒自己是往哪個方向走。

我們要如何活用學習欄，發揮空間的力量，促進互學？如何才能不會安於現狀，向下沉淪，而能尋找逃逸路線，向上提升呢？

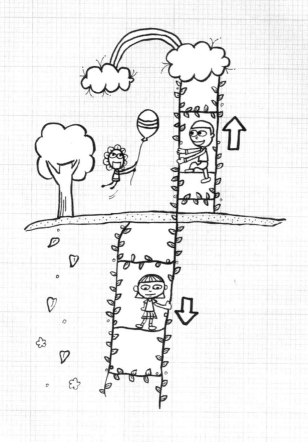

課程語錄 *36* 教師今安在？

1940年代，教學機在美國問世，並普遍用於中小學。教育界期待甚深，甚至有人預測教學機將取代教師，「教師再見」成為當時的論調。

今天，教師安在？看似活得好好的，其實與約70餘年前的教師遇到相同的處境。今天資訊化社會，科技萬能主義者堅信：只要班班有電腦，就沒有兒童會落後；而且，科技萬能已成為世界性的神話，臺灣也彌漫著：只要人人有平版，學生PISA成績就能迎頭趕上的迷思，教師淪為電腦「機器操作員」的威脅又起。

「People become people through other people」，教育是育人的工作，最重要的是人，不是機器。相信70年後、100年後，教師還會存在，但希望是與現在不同的方式存在。

首先，教師要發展批判性的語言，質疑科技萬能主義者必然性論述、包裝的知識／權力關係，和意識型態。資訊不是知識，更不是智慧，如Pinar批評的，沒有倫理、知性的考量，數位教學將造成數位落差，資訊世紀可能淪為無知世紀；而倫理、知性是無法裝在機器上的，這正是教師的功能。

其次，教師要發展可能性的語言，例如：將網際網路（inter-net）轉向心靈網路（inner-net），一方面要

內觀，聽到並回應自己的呼喚；另一方面利用身體、感官語言傳達對人、事、物的尊重、信任、關懷和關心，例如：蹲在學生旁，讓他們感覺到老師相信我、認為我會學習，產生師生交互的共感（intra-active）。這些都不是機器作得到的。

　　無論社會如何演變，我們相信也希望教師永遠存在，在高科技社會中發揮人性的光輝！這不正是教師存在的價值？

課程語錄 37　走過一元化的時代

　　多元化是教育改革的論調之一，但多元就好？一元就不好嗎？臺灣在1970年代前是國家控制的一元化時代，公費的師範教育、公平的聯考制度，提供很多窮人——例如我，有向上社會流動的機會；但後來教育改革提出多元、鬆綁等口號，很多改革把多元視為目的，為多元而改革，假多元之名改革，沒有配套措施，結果多元變調、走樣，例如多元入學淪為多錢入學，只是為了少數人的改革。

　　我生長於高雄縣大樹鄉（今高雄市大樹區）偏遠的山邊，居家是茅草屋，下雨時到處漏水，要拿許多盆子接水，這時雨打在戶外的香蕉葉上劈啪劈啪，屋內也叮噹作響，加上庄腳囡仔的阿生咿咿喔喔的讀書聲，組成一首和諧的交響曲。

　　民國48年6月，我即將從省立鳳山中學初中部畢業，有一天很疼我的班導王光燾老師把我叫到身旁說：恭喜你全校第一名畢業，要上臺領獎，補丁的褲子很舊了，能不能換一件新的或比較乾淨的？我知道當時的經濟情況根本無法換新褲子，祖母洗完補丁的褲子後，我覺得不太乾淨又再洗了兩次，當然也不會多乾淨，我就穿洗三次的補丁褲子上臺領獎。

　　這些故事看似虛幻，卻是真實；看似久遠，又像只是昨日。

何其有幸生長在那個貧窮的年代，那個國家控制的一元化的時代，那個不分階級、背景，努力就有機會的時代，連我這麼貧窮的庄腳囝仔也有機會考上臺南師範、臺灣師範大學，甚至實現了連作夢都不敢的出國留學。雖然是一元化的時代，但只要努力就有希望，真的是一分努力一分收穫的時代。

　　如果那時市場的手就伸進教育，就有師培多元化，就有多元（錢）入學……

　　又何其有幸生長在這個貧窮的家庭，貧窮讓我知足常樂，讓我努力滿足最低限度的需要，克制太多不必要的想要，貧窮讓我接受現狀，卻能突破、改善現狀，貧窮讓我心靈富有。

　　我帶著貧窮走過一元化的時代，一元化時代卻讓貧窮成為我一生最大的財富！

我的小傳

我姓歐，名用生，生長在臺灣省，高雄縣，大樹鄉，興山村一二五號，今年十二歲，我八歲時，父親把我送進大樹國民學校，起初只知道遊戲，對於功課很馬虎，字件性很壞，到了四年級時，我們班上出了五個搗蛋大王，我也是其中的一個。

課程語錄 38 誰來愛我?

　　走過學校門口常看到紅榜或跑馬燈秀出：本校陳XX同學獲得○○獎，李XX同學獲○○獎……臉友也都有這樣的貼文：好棒喔！衷心恭喜！

　　但我們除了把關愛的眼神送給「集三千寵愛於一身」的這些同學外，是不是要更關注在暗夜中吶喊「誰來愛我」的其他許多孩子？

　　今天新自由主義政策下的教育改革導進市場原理，強調競爭、選擇、鬆綁、多元等，但這些迷人口號隱藏許多陷阱，在市場化的社會，經濟資本很容易轉化為社會資本和文化資本，就像多「元」入學變成多「錢」入學，經濟成為決定競爭和選擇的最重要因素。弱勢的孩子背負家庭的包袱毫無選擇、競爭的資本，卻還要在多元評量、檔案評量、真實性評量等名目下，展演智能的、身體的、情意的、自傳的成就，在眾目睽睽之下，接受教師、家長、其他同學或媒體「多元的」真實性的評量，身心靈、公私領域都不斷的被管理和監控著。在強者邏輯、自我責任的政策下，他們不僅獨自背負失敗者或無能的指責，還要背負降低PISA成績、妨礙國際競爭力的罪名，又要帶著補救教學的標籤在校園踽踽而行，情何以堪！

這種制度的霸凌給他們致命的打擊，扭曲他們的存在和人格發展，但有誰聽到他們的焦慮、挫折、壓力和吶喊？

聆聽並回應他們「誰來愛我」的吶喊，是學校全體的責任。

當一位學生舉手沒有被一位教師看到時，其他老師就要立刻看到。

當一位學生嘆息沒有被一位教師聽到時，其他老師就要立刻聽到。

當一位學生流淚沒有被一位老師關心到時，其他老師就要立刻去安慰他。

這樣才能自發、互動、共好，才真正是友善校園！

課程語錄 *39* 語言轉向？

　　教學語言體現了教師的理論、權力觀和哲學，但教師常習焉不察而不自知，課程教學改革要先從教師的語言系統改起。

　　例如：學生分組討論時教師常說「會的教不會的喔！」可見教師已將學生分類、標籤化，已進行納入／排除的工作，而不是肯定每位學生都能學習、人人平等的學習，因此通常指定一名會（好）的學生當小組長，使學習階層化，學習完全走樣。

　　討論後，老師又說「誰代表第一組報告討論的結論（果）？」學習是差異化的，每人都不一樣，教師卻忽視差異，要求全組有一致的答案。

　　某生發表時聲音很小，教師通常說「大聲一點，讓大家都聽到。」「大聲說，我！我！老師叫我！這才是有元氣的教室、好的課堂。」

　　學習共同體有不同的哲學、理論和願景。學習是親師生共同創造的，教師肯定人人都能學習，在寧靜的環境中，一起互問、互聽、互學，因此教師要有不一樣的語言。

　　不是說「會的教不會的」而是說「不會的要問喔！」要營造人人都敢說「我不會」的安全的、支持性的環境，處處能聽到「我不會，我向你學習」的課堂。

不是說「誰代表第一組報告結論」，而是說「經過討論後，你學到什麼。」尊重學習者的主體和學習。

　　不是說「大聲一點」，而是「我知道小華很有想法，大家不講話一起來聽。」營造互體、互學，在聽中學的環境。

　　教師要覺醒，教學語言（含身體語言）蘊藏著權力、理論和哲學，語言轉向了，學教翻轉才有可能！

課程語錄 *40* 激發原初的感動！

有位校長朋友和我聊天，他說，今之校長有四類：

第一類，善用人際關係，向各單位申請經費補助，把學校廁所、環境改善，校園煥然一新。這是家長最喜歡的校長。

第二類，愛辦活動，噱頭十足，吸引媒體目光，以媒體報導次數作為辦學績優指標。這是教育局處長官最喜歡的校長。

第三類，受邀參加各項會議、評鑑、諮詢、演講……等，無役不與。這是最有存在感的校長。

最後是，進行課程、教學改革，和教師一起討論課程，一起備課、觀課、議課。這是最顧人怨的校長。

是啊！這位校長細膩的觀察正突顯了課程、教學改革的困難，和課程領導的重要問題。合作設計課程衝擊單兵作戰的、孤立的教師文化，觀課議課更直攻教師力守的教室城堡，勢必遭遇教師的抵抗，而且課程教學改革成效並非一蹴可幾，有誰願意耐心等候？

在這種生態下，課程教學領導者何去何從？Brubaker強調，課程發展是創意的、美學的、自傳的過程，課程領導這職業或志業（vocation）事實上是一種呼喚（vocare）。課程領導者要不斷的省思：我為何要

成為校長（課程領導者）？要成為怎樣的校長？我只能像前述三類校長，活在別人的掌聲中或為外在的酬償而存在，只能隨波逐流？作為一位課程領導者，你／妳沒有夢想和願景嗎？不想建構課程領導者的主體？

　　所以課程領導者要回應自己成為校長的呼喚，返回初心，激發原初的感動。今天有很多校長帶著老師，投入十二年國教新課綱的實驗和試辦，展現高昂的改革企圖心，令人佩服！

課程語錄 *41* 改革至上主義？

最近看了網友或臉友的貼文，許多代理、代課教師通過教師甄試，成為正式教師。很多都已代課10年以上，大家都恭喜她／他們泅水上岸，可見代課、代理教師生涯的水深火熱。有位代課的研究生甚至形容：代課教師不死，但生不如死。何其悲壯！

流浪教師是1990年代教改的後遺症之一，據說最多時高達10萬人，形成嚴重的社會問題。許多偏遠中小學一半以上都是代課、代理教師，生活在只知今天、沒有未來的日子，生不如死的悲壯的日子。這樣的國民教育正常嗎？

臺灣本來有很好的師資培育制度，在師範大學（學院）公費培育、計畫性的培育，各師範院校也發展各自的特色，例如：國立臺北師院（今國立臺北教育大學）的臨床教學和駐校實習，深受國內外學者的肯定，和校友、同學們的認同。

但在1990年代興起一股改革至上主義：改變就是好，什麼都要改，舊的都不好。於是採取減法的改革，不管好壞要將原有的連根拔起，一點都不留。1995年頒布《師資培育法》取代《師範教育法》，原有的師範教育的精神不復存在，市場原理滲進師資培育，教師質變為只是一種職業（vocation），其原有的呼喚（vocare）的人師素質都被減掉了。

當然，任何制度都要因應時代，社會需要進行改革，但一套制度的存續都有其社會、文化的基礎，改革決策者、倡導者、主事者曾思考過傳統師範教育在歷史、社會、文化上扮演了怎樣的功能？新的制度可以達成這些功能嗎？可以克服舊制度的困難嗎？他們有思考過師範教育在促進社會流動上、在提高師資品質、促進教育發展上的意義嗎？

　　改革至上主義者為改革而改革、為多元化而改革，倒洗澡水時把嬰兒也倒掉了。

　　當學生告訴我甄試上正式教師時，無不喜極而泣。我適時鼓勵他／她們，勿忘初心，一輩子當學生的貴人。

　　後現代社會中，什麼是變與不變？如何重新形塑師道尊嚴？

課程語錄 *42*
臺灣教師的有和沒有

課程改革的希望在教師，但各國的教師不同。

歐美國家的教師每年都要接受嚴格的評鑑，臺灣老師沒有。

大陸教師有嚴謹的分級制度，臺灣教師沒有。

日本教師7或8年就一定要調校，臺灣教師沒有。

……

那，臺灣教師有什麼？

有上述國家沒有的：學校層級的教師會或教師工會！

課程語錄 *43*
教改的俏皮話（孽譎仔話）

藝術為本的課程研究常用隱喻、俚語、格言、神話、俏皮話等作為重要資料。

師1：教改如月亮，初一十五不一樣。

師2：管他一樣不一樣，對我來說沒兩樣。

教改前的校長，三大：

走路走前面

照相站中間

吃飯不付錢

教改後的校長，三くㄩㄢˊ：

有責無權

赤手空拳

委屈求全

三捲：

捲窗簾

捲袖子

捲鋪蓋

消暑一笑，別太認真啦！

課程語錄 **44** 課程是故事

大師和弟子們講故事，弟子們雖很愉快，但希望大師多講更深的道理，大師不急不徐的說：弟子們別忘了，故事是通往真理的最短捷徑！

課程是故事，是我們和我們的孩子們一起說的集體的故事，而故事不僅是故事，是在故事中講道理，透過故事追求真理，所以故事是一種思考方式、求知方式，和存在方式。

詩性智慧（mythopoietic）是故事（mytho）和創造（poitic）組成的，即創造故事，進行詩性的、非理性（不是不理性）的思考和創造，覺醒自己、敬畏自然，追求身心靈的統整，和天人合一。

課程是故事，教師是故事創造者。師生一起創造、再創造故事，活在故事中，活出自己的故事。

於是，故事衍生理論，理論又衍生故事。

歷史有時盡，故事卻沒有完結篇⋯⋯

課程語錄 *45*
今天教育需要的是智慧

　　處於資訊科技社會，今天教育需要的不是資訊或知識，而是智慧。Doll甚至說，再多的資訊都無法形塑靈魂，或停止第三次世界大戰。

　　教育不再是教別人知識，沒有人可教別人任何知識，求知如果落入文字主義就不是真知。俗話說的「讀死冊，袂變竅」；學者警告「to know is to kill」，一知半解，反而有害。

　　今天我們需要智慧。什麼是智慧？Smith說智慧是人最成熟的特徵，例如：同理心、尊嚴等。覺醒自己的德行，反省人類的愚昧，提升道德的敏感性，心和靈才是智慧的基礎。

　　智慧的極致是亞理斯多德的實踐智慧（phronesis），這是一種道德的知識，而且是以自我認識為起點的道德實踐，是社會導向的、在社群的隸屬感中發展、不斷修正的。實踐智慧是提高心靈境界，追尋人生意義的重要途徑，是朝向內在覺醒的、靈性的旅程，也是一種詩性智慧。

　　實踐智慧或詩性智慧激發師生想像、創意、審美、驚奇、超越等，鼓舞大家的熱情、憧憬夢想和可能性，使每個人尋找生存的意義和希望，朝向社會正義和公共的善。這是一種課程美學、課程倫理學！

課程語錄 *46*
麥克風退場，該是時候了

近6年來，佐藤學教授每年到臺灣二、三次。今年3月來臺時，他說：這幾年，臺灣教師有相當顯著的成長，但有兩項影響學習很大，亟需改進。一為教師用麥克風上課，另一是教師仍完全依靠外在酬償，這是其他國家教師極少有的現象。

教師帶麥克風上課可能源於早期班級人數多，師生又好像嗓門比賽，教師只好用麥克風壓制學生的聲音。麥克風代表權威：我是老師，聲音永遠比學生大，學生都要聽我的。雖然現在班級人數減少了，教師仍不願意把麥克風拿掉。

學習共同體是一個寧靜的革命，學習始於聆聽，聆聽是可以教的、要教的。日本許多中小學教室前面都貼著教室公約，例如：別人說話時要注意聽、不會時要請教別人、被請教時要先聽他說、然後一起學習等。教師上課前，也要時時提醒這些公約。

教學語言也要改變，例如：學生發表時聲音很小，老師不是說「大聲回答讓大家都聽到」，而是說「我知道小華有很好的意見，我們一起靜下來聽」，又如re-voice，小華發表後，教師可請小英用自己的話把小華的意見再說一遍，這些都可培養學生聆聽的能力和習慣。

最重要的是校長辦學哲學、教師課堂哲學的改變。生氣活潑不是聲音大、嘈雜的學校，不是「我！我！老師叫我！」的大聲叫喊的教室，而是利於思考、探索，讓師生互聽、互問、互學的寧靜的課堂。

　　學校的鐘聲要降低，或不需要鐘聲、不要廣播，教師輕聲細語，學生也會降低音調和音量。這樣，教室就靜下來了，教師何須用麥克風？

　　這時，學校安靜了、教室安靜了，發揮定靜安慮得的力量，學習就開始了，也成立了。

這題
這樣算——

課程語錄 *47*
將小花片送進教育博物館！

　　佐藤學教授提到臺灣課堂的另一個問題是，教師沒有用心於教學設計，完全依賴外在酬償來引發、維持動機，學生發表或回答問題後，通常說：很好，加5分或加5朵花。這種現象在全臺教室上演，好像除此之外，教師已無技可施。佐藤學說，這是1920年代後行為主義的馴獸師的作法，早就應該送進教育博物館了，但臺灣教師仍樂此不疲。

　　學習始於驚奇，終於驚奇。從外在酬償獲得的經驗沒有驚奇，只是未發展的、沒有形式的、短暫的一般經驗，應深化為在知性上、情緒上豐富的、能激發繼續成長的、具內在滿足感的經驗，即Dewey所說的教育經驗或美學經驗。

　　教育經驗具有美學特質，有動態的形式，即自我對面臨情境有整體的、一貫的反應，開始時都有一種期待感，例如：遭遇到困境或難題，一種解密、探索未知的懸疑感，引發學生承諾和參與，讓他想繼續探求下去。動機多來自於活動本身，而非外在的酬償。

　　接著是朝向問題解決的建設階段，解決問題的徵兆不是預定的，而是慢慢浮現的，意義也是漸漸形成的，周遭的人、事、物更豐富了結構化的系統，任何新的經驗都產生整體性的意義，朝向完成的過程。

　　漸漸的，疑惑澄清了，問題解決了，到處聽到「啊！啊！原來是這樣啊！」的驚嘆聲，師生都達到高

峰經驗或福樂經驗，每部分都適配得宜（fitness）的美學時刻，或完全時刻。

但這樣的過程不是線性的，而是循環遞歸的；美學經驗也不一定是愉悅的，新經驗和舊經驗、舊情境間產生緊張和對立，又引發進一步的探究。

王紅宇教授從後現代主義的觀點探討中國庭園及其對學習的啟示：庭園入口通常設置屏障，保持庭園的神祕性，讓人好想進去一窺究竟，這種入口哲學，對學習極為重要。園內則利用彎路、迂迴、曲折、山水等原理，創造園中有園，園外有園的懸疑感，在有限中創造無限，既分離又結合，使庭園無限延伸，激發遊客想像、創造，尋求可能性！這就是教學美學、學習美學！

學習始於驚奇，終於驚奇。具體說，學習始於問號，終於驚嘆號和更多的問號！

老師們加油！送走行為主義的幽靈，將麥克風、花片、籌碼等送進教育博物館，創造很多的問號和更多的驚探號！

課程語錄 *48*
三藏團隊不是學習共同體

很多人常以三藏取經的故事來說明學習共同體，事實上，三藏團隊是合作學習（cooperative learning），而非學習共同體強調的協同學習（collaborative learning）。

首先，三藏團隊以師父馬首是瞻，有領導者，讓學習階層化，易變成互教，而不是互學；其次，三藏善用獎懲來控制徒子們，是行為主義者；第三，三藏團隊旨在達成取經的任務，是任務取向的，因此須很快取得共識，以解決問題，較不重視學習、互學，尤其是差異化的學習。

但協同學習與合作學習完全不同。第一，沒有領導者或小組長，人人平等地學習；第二，不用獎懲、競爭等外在的酬償，學生為學習的樂趣或內在的滿足感而學習，是社會建構主義；第三，主要目的是在學習，尤其是互相學習，不是在達成什麼任務；第四，重視學習的主體性，學習結果是差異化的，差異萬歲！

合作學習是分工，各自學習各自的內容；但協同學習不分工，相互學習。目前臺灣中小學的分組學習幾乎都是合作學習，分組後，教師會指定一名小組長，小組長立刻依據潛存於教室中的標籤分工，成績好的找答

案，板書好的寫白板，口才好的負責口頭發表，成績最差的小華只好拿白板讓其他同學報告，這樣就可在規定的時間內提出報告，完成老師交代的任務。小華今天或這週可能只學到舉白板，這是多麼殘酷的學習啊！

合作學習完全違背學習的本質，違反協同學習的精神，但教師仍不覺知，仍每天在臺灣的教室上演！

協同學習才是學習共同體的核心，才是真實性的學習，才真正是教室中最美麗的風景！

課程語錄 *49*
快樂學習？安樂死？

九年一貫課程強調統整課程、體驗學習，掀起一股快樂學習的風潮。但社區的教學只是帶學生到社區走一遭：這是郵局、這是市場……然後回學校寫學習單。標榜快樂學習的這樣的活動有體驗嗎？有深度嗎？學生學到了什麼？真能達成培養學生的社區意識和情感，讓學生珍惜社區資源的學習目標？真的有快樂？快樂從何而來？我寫了〈披著羊皮的狼〉、〈快樂學習或安樂死？〉等篇文章批判這種現象隱含的問題，引起很多的共鳴。

深度學習，讓學生在知性、情緒和心靈上成長，才是快樂學習，但不會安樂死。而深度學習正是今天世界各國課程教學改革的重點。

那麼，怎樣才能深度體驗呢？首先，要訴諸對地方（place）的感情，身歷其境、心歷其境、聆聽土地的聲音，和土地及地上的人、事、物對話。地方感敏銳個人的理解、知覺和洞見，使一般的成為特定的、抽象的成為可接近的，孕育了生根的社會力量，實踐以地方為本的教育。

其次，學習是身體化的（embodied），作用於身體，存在於心和靈。如Foucault說的，學習是靠身體，

以身體、從身體、在身體上完成的。這種身體化的學習才是一種「賦權增能的」（empowered）學習。

可見體驗是人與環境的交互作用，即Dewey說的，有機體與環境間的施（doing）與受（undergoing）的關係。學生帶著先前的知識、思考、感覺和經驗等，浸潤於環境中與環境互動，對環境有所作為（施），將從環境中的學習和前述的舊經驗等整合，發展知性上的、情感上、心靈的新的經驗（受）。這種個人獨特的教育經驗是深度體驗的結果，是快樂的泉源，正是Dewey所說的美感經驗。

深度學習就有快樂，快樂學習不會安樂死！

課程語錄 *50* 眞實性學習

　　夏日炎炎。課審會賣力地審十二年國教課綱，中小學校長、教師們也熱心的參與課綱的各項研習，倍極辛勞，讓我們對新課綱的實施充滿期待！

　　但課程發展得再好，校長、教師再努力，如果教室的風景沒有改變，一切都是枉然！而改變教室風景的當務之急是落實真實性的學習！

　　2018年6月底，和佐藤學教授到福州市F4小學參加學習共同體研究會時，福建師大教育學院余文森院長發言，學習共同體對教師、學生有很多論述，但對學科知識的論述比較少。佐藤教授回應，他在大陸和臺灣多次提過真實性學習，就是在闡述學科知識的教學，並指名我回應（即席口試？哈哈）。我將真實性學習整理為六點：

　　首先，是學科本質的學習。許多學習都像沒有蛋的蛋餅，沒有蚵仔的蚵仔煎，失去學科的特性。某國中歷史課上五四運動的單元，卻讓學生討論「文言文和白話文的不同」，將歷史課上成國文課；某國小語文課「蓋斑鬥魚」的單元，一直強調魚的特徵、特性，把語文課當自然課來上，都沒有彰顯學科的本質和特性。

　　第二，是do literature, do mathematic的概念。讓學生和文學、和數學……遊戲，鑑賞文學、鑑賞數學。

也就是將學生帶進文學家、數學家的社群內，學習他們如何蒐集資料，如何獲得知識，用什麼語言、概念、原理原則呈現知識。

第三，深度學習；第四，協同學習；第五，跳躍學習；第六，是互問、互聽、互學等。語錄中已多次論述，不再贅述。

F4林莘校長立刻說，今後教學要實踐歐六點。

讓我們一起努力，迎接新課綱，邁向真實性學習，改變教室風景！

課程語錄 *51*
學習共同體是東方美學

學習共同體是日本東京大學佐藤學教授在1990年代後期提倡的學校改革運動，今天已經推展到全世界，各國都用獨特的調色盤將其染成繽紛的色彩。

但學習共同體的基本精神是東方美學。第一，強調學習始於聆聽。師生在寧靜的環境中互問、互聽、互學。在聽中學，正是《大學》篇中「定靜安慮得」的精神。

所以學習依賴靜的力量，需要深度的聆聽和凝視，不僅只用耳朵聽，要運用所有的感官一起聽，用身、心、靈一起感覺；不僅聽到說出的，更聽到沒有說出的、沉默的聲音。

第二，被動的能動性。學習共同體強調教師要少教多學、少說多聽，要蹲在學生旁邊，聆聽、等待，向他學習。這是不是太被動了？事實上這正是在被動中展現能動性的東方美學。

例如：等待。等待不是無所事事、虛度時間，等待是身體化的（embodied）運用身體、語言、觸覺和其他感覺，傳達教師對學生的信任、期待，讓學生感覺到老師相信我、沒有放棄我，興起挑戰的勇氣。

第三，強調禪道的內省。教師不斷的自我反省，覺醒自己生存於學生主體、知識邏輯和教師主體的緊張性中，放棄我執。這時，除了沒有我，其實什麼都有了。

　　這種東方美學正是一種學習美學、學習共同體美學！

課程語錄 52
學習共同體體現自發、互動、共好

十二年國教新課綱總綱已於103年底公告，揭櫫培養終身學習者的目標，和自發、互動、共好的願景，預定於108學年度起實施。

自發、互動、共好是全球化時代的核心價值，而學習共同體正體現了這種價值。學習共同體依據Dewey的民主主義、Vygotsky的社會建構論等，尊重個人的尊嚴和主體性，肯定人人都能學習，放棄行為主義，學生不是為外在酬償、獎懲、競爭而學習，而是因深度體驗引發的美感經驗或從學習獲得的樂趣、喜悅，樂於繼續探索。這種學習是主動的、積極的，學生成為自發的、有主體性的、能終生學習的個人。

學習共同體強調學習是親、師、生「共同創造的」，大家都一起學習、互相學習。而且互學是基於深度的聆聽和凝視，不帶任何預設或偏見來聽和看，準備影響、感動別人，也準備被他們影響、感動，產生彼此間內省式共感的互動（intraactive），這樣的互動是深度的。

這種內省式共感的互動奠定了共好的基礎，親師生長期對話、互動、互學，漸漸地，語言共同、願景共有、情緒共享，手牽手、心連心，人人都是成功故事的

一員，產生一家人的歸屬感，休戚與共、榮辱一體，學校不再只是血緣、地緣等結合而成的生活共同體，而是基於共同的願景、情感和想像的學習共同體，向優質、卓越邁進，追求公共的善！

學習共同體體現自發、互動、共好，是實現新課綱理想的重要途徑！

課程語錄 53
一趟課程美學的驚豔旅程

（本語錄初稿係臺南大學課程與教學研究所博三莊呂宜靜撰寫）

106學年度下學期，歐用生老師在臺南大學課程與教學研究所博士班開了「課程美學」，帶我們經驗了一趟課程美學的驚豔旅程。

文獻以Eisner、Greene等人的著作為主，討論時歐老師不斷的挑戰我們：作者戴什麼眼鏡（視野）看美？看見什麼美？怎樣表達美？因為本課程的主要目標除了探討課程美學的主要理論外，還要從課程美學的觀點深化自己的課程，教學更要能利用美學視野探討臺灣的課程議題，所以建構自己的美學視野（取向）是最重要的。

上課時老師總是問，這樣的美學觀對你／妳的課堂和工作有何意義？老師經常說「來，挑戰一下，多一點想像！」總是說「浪漫一點，詩性一點！」於是我們的束縛鬆弛了，思想解放了，常能迸出美麗的火花！

最特別的是，我們的期末作業可用多元的方式呈現，除了文縐縐的論文外，還可以創作或表演，也是我們第一次的經驗。

我設計的主題是：與自己共舞，穿越我的身心意識，建構一個開放感官感知自己存在的自我對話。我準備了三種不同調性的精油，讓大家從嗅覺去看見自己的喜好，把自己放在喜歡的氣味之中，然後燈光全滅，在輕緩的音樂伴隨下，去看見自己，讓左手與右手接觸、

對話，打開所有的感官去感知、看見、對話，用嗅覺、視覺、聽覺、觸覺，體驗、探索自我。體驗後同學表示，在這樣的氛圍中重新和自己內在對話是從未有過的，身心為之一亮：「太舒服的感受……」

在這樣的氛圍中，我們好像都安裝了「美的3D眼鏡」，看見了自己不同的面向，有的從明信片發現友情的美，有的從一幅圖看見師生互動之美，有的感受到校長設計一個學習桃花源的美……

歐老師說，這是他「最有感」的一門課，但他說，再怎麼詩性，再怎麼美，作為一篇嚴謹的學術論文，應該有的還是要有，乃提出五點努力方向：一是創作理念要論述清楚；二是妳／你的美是什麼？在哪裡？如何看到美要清楚表達；三是內容要聚焦於課程教學，因為本科目是課程美學；四是表出方式可再多元，例如以歌、舞、戲劇、製作等呈現；五是可再多點想像。

歐老打趣說，以這歐五點結束這門課是最不美的事。其實，這趟課程美學的驚豔旅程並沒有句點，美學思維已在我們的腦海種下，還會有源源不斷的新想法與作法，在未來不斷地繼續生成、擴散、再生成，不斷的……真令人期待呀！

課程語錄 *54*
課程與教學研究的新里程碑

　　國立臺北教育大學課程與教學研究所創設於1997年，是臺灣第一個課程與教學專業的研究機構，已於2016年年底舉行20週年所慶。

　　1970年代起，歐美課程學術開始再概念化，進行激烈的典範轉移，我們應加以關注。而國內教改也如火如荼的進行，《教師法》（1994年）賦予教師自主權，教師自由選用教科書了（1988年）；九年一貫課程正在研議，學校本位課程發展、統整課程、能力指標等高唱入雲。校長、教師不能再像過去一樣，等教育部的課程標準、等國立編譯館的教科書，課程意識的覺醒、課程領導能力的增強，刻不容緩。

　　基於這樣的歷史、社會環境的需要，以及設所的周詳規劃，本所碩士班奉准成立，1997年開始招生，開創了臺灣課程與教學研究的新旅程。初期只招收20名，卻有近700名來報考，學生素質之高可以想見。由於成效卓著，獲得肯定，乃於2001年奉准增設博士班，這也是國內第一個課程與教學博士班，兩個第一奠定了本所的學術地位。

　　本所師生治學嚴謹，傳說中有一位老師（真是我嗎？！哈哈）將學生論文丟到樓下。於是在汗水、淚水交織下，完成一本一本的論文、一篇篇的研究報告，每一本、每一篇都在課程園地上播下了新的種子。

本所教師都專精課程社會學或批判教育學，師生在這方面有許多論文、論著。所友林芳如參加臺北市國小校長甄試，有位口試委員看到她是本所畢業，就挑戰她：妳的研究所是走批判教育學路線的，批判教育學在國小校長領導上可用嗎？芳如說出了批判教育學的精華：批判教育學者都強調愛和希望，要用愛和希望來治校。委員們都點頭稱好，芳如也一試就被錄取了。

　　可見批判教育學成為本所的金字招牌。事實上本所已建立了批判、創新的學風和文化，不斷的追求新的課程理論、典範和方法論，今天已是後現代課程、美學課程研究的重鎮，質性研究、敘說探究、批判論述分析的大本營，引領兩岸、香港、澳門的課程研究。

　　以上利用Goodson社會史和Pagano社會機構取向（social-institution），分析了臺灣的第一個課程與教學研究所，還可以用強調知識／權力關係的Pinar的文化史、Foucault的現在的歷史，來探討本所及其他大學的課程機構，這應該是臺灣課程（史）研究的重要主題。

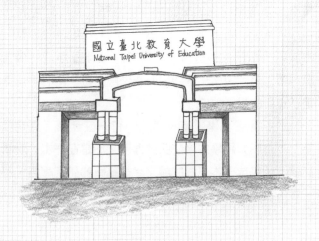

課程語錄 55 有試必考！

1960、1970年代，臺灣在戒嚴令下，政治氣氛肅殺。許多知識分子回憶：讀書、考試對當時的他們而言是最安全的生活方式，是一種解放，因為在苦悶的日子裡找到了宣洩的出口，可以幻想另一個天空；但也是一種禁錮，把自我放逐於臺灣社會和世界之外，形同自我監禁。

其實考試制度及其內容（課程）扮演重要的社會、政治功能，把大部分的人納進國家機器內，使國家機器順暢運作，達成國家治理的目標。

我家無田、無地、無恆產，兩個哥哥、兩個姐姐攏是沒讀冊的青盲牛。對本來也應該是青盲牛的厝仔的我來說，讀書、考試成為生活下去的唯一途徑，向上流動、出身立世的唯一階梯。我很會讀書、考試，小學一直都在5名以內。記得有一學期只是第10名，被家人罵到臭頭，躲在樹下哭了很久，那種悔恨的心情仍記憶猶新。

最重要的一次考試是升初中考試，那時臺灣已盛行課外補習，但我在完全沒有補習的情況下，以一個窮鄉僻壤的窮小孩居然能考上省立鳳山中學初中部，這是我人生分水嶺的第一戰，沒過這一關就一輩子在鄉下，故事就改寫了。

此後有試必考成為我人生的方向。鳳山中學初中部畢業，以第1名保送臺南師範學校，小學服務期滿，考上臺灣師範大學教育系，大三考上教育行政人員高考，中學服務時考上日本文部省獎學金考試，赴日本東京大學讀書。

　　有試必考，我的人生是考出來的。有人問我考試這麼辛苦，怎麼會有那麼強韌的毅力？Foucault的治理學（govermentality）可以探討這個問題。他強調國家治理不僅只依賴壓制性的權力，即國家的治理技藝，更需要生產性的權力，即人的自我技藝，訴諸人的情感、情緒、欲望、希望。例如：考試制度，讓被治理者覺得只要努力就有機會，書中自有黃金屋、自有顏如玉，望梅止渴，忍受十年寒窗之苦，求取延遲性的報償，心悅誠服的接受國家的管理，最後達成個人的願望，也同時達成國家治理的目標。

　　由此可見，治理性是管理技藝和自我技藝的接合處，是一種領導的藝術。課程治理是新的概念，課程領導者如何善用課程治理，發揮治理的藝術？

課程語錄 56
誰能不在乎課程理論？

　　基於臺灣課程史的教訓，在這十二年國教新課程實施的關鍵時刻，誰能不在乎課程理論？

　　課程改革時，如何轉化新課程的理念和理想決定課改的品質，所以新課程實施前一定要深化其概念、理念，才能正確實施。但臺灣歷次課改，往往將新概念簡單化，而使實施走樣。

　　例如：九年一貫課程突破過去只重視知識的弊端，高倡拋棄背不動的書包，培養帶得走的能力，於是第一次在課綱中納入了基本能力（key competency）作為課程設計和實施的依據。

　　但基本能力是什麼？能力在課程發展和設計上有非常豐富的內涵。1998年，九年一貫課程總綱綱要剛頒布，我立刻發文，警告不要落入行為主義能力觀的陷阱，要開展交互作用的能力觀和批判理論的能力觀。但許多委員、學者都說老師不喜歡理論，先作再說，因此並沒有嚴肅、認真的討論，後來實驗或試辦時立刻陷入泥淖內，也沒有在實踐中檢討能力的概念，讓理論和實踐對話。結果能力被窄化為技術性的表現，或可以買賣的物件，知識、能力的社會文化，和情境的脈絡性及社會建構、實踐和批判的意義都被忽視了。以學校本位課程發展、統整課程等進步主義思潮自詡的九年一貫課程，卻走向社會效率主義、科技主義，我那篇披著羊皮的狼，就是在反省和批判「行為主義的狼披著進步主義

的羊的外衣」，能力被技術化的問題。

如果當初先認真的探討交互作用的、批判主義的能力觀，深化能力觀的概念，或許改革會有不同的樣貌。

九年一貫課程的改革極其複雜，將另行論述。

不在乎課程理論確實是教師文化之一，但課程改革時如果不能改變為「誰能不在乎課程理論」，那匹狼隨時會跑出來，產生改革但沒有改變（reform without change）的結果。

今天臺灣開始推展十二年國教基本課程，強調核心素養（key competency）。和世界各國一樣，素養和核心素養成為教育界最時髦的名詞，教育人員言必稱核心素養，但在核心素養熱潮中卻缺少了對素養和核心素養概念的深度對話和論辯，以至於各說各話，莫衷一是，可能重演九年一貫課程基本能力實施失敗的覆轍，值得我們關注。但對素養和核心素養的概念對話和論辯，並非要達成共識，將其概念和內涵定於一尊，以利實施，這對一個概念的發展是很危險的事。對話和論辯是要將素養和核心素養的概念加廣加深，充實其內涵，精緻其元素，使它們永遠充滿活力和可能性。

有趣的是，key competency 在九年一貫課程稱為基本能力，現在為什麼叫核心素養呢？

課程語錄 *57* 學科鍊金術

　　key competency在20年前的九年一貫課程叫作基本
能力，今天十二年基本國教課程為何改為核心素養？

　　Pokewitz學科鍊金術（alchemy）的概念可用來說
明這個轉變。16、17世紀時，鍊金術者或江湖術士將
原鐵鍊成黃金，被認為對近代的化學和商業有很大的
貢獻。和16、17世紀的鍊金術者將一個空間轉換為另
一空間一樣，今天決策者、課程學者、學科專家也神祕
的將科學、社會科學、人文科學轉換為科學、社會科、
音樂等學科的知識。但知識不是理所當然的，是一種社
會、歷史的實踐，是權力關係的效應。權力生產知識，
當權力關係改變時，知識也被再建構，而且這種知識／
權力關係是在特定的社會、歷史脈絡發生的。

　　所以Popkewitz說，課程改革的研究要探討學校的
知識及其與機構、權力間的關係，以理解當代機構中權
力運作時，知識生產的社會關聯性和歷史脈絡性。

　　1996年教育部國民教育九年一貫課程發展委員
會，和2013年國教院十二年國民基本教育課程發展委
員會，在不同的社會歷史脈絡、不同的知識／權力下，
各自將competency鍊金，但鍊成的黃金不一樣，一是
基本能力，另一叫核心素養。

　　Popkewitz提到鍊金術的一些問題，在2000年後在
全球化、國際化等潮流影響下，世界各國（他特別提到

臺灣）的教育改革都強調：參與社群、團隊合作、創新、終身學習、解決問題等，以培養世界主義公民。

世界公民的這些素質不就是基本能力嗎？不就是核心素養嗎？所以基本能力和核心素養都在培養世界公民，並沒有那麼大的差異。

而且為培養世界公民，各學術領域鍊金為學科時，都脫離了母學術社群的標準、規則和語言，因此數學課程主要不是數學的教、學，而是提供一套理性系統決定學生如何看、聽、說自己和他人，以及如何行動，這就是今天的黃金。語文、社會、音樂……科都和數學一樣，都被鍊成這種黃金，失去了學科的本質和特性。

學科鍊金術搖醒我們，課程改革的口號都不是本質的，不是理所當然的，沒有什麼是非有不可的。核心素養不是決策者、學者專家說了算，任何知識都是危險的我們都要加以質疑！

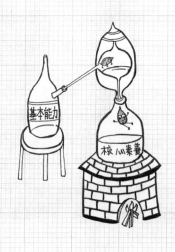

課程語錄 58
核心素養熱如何可能？

今天核心素養（key competency）成為臺灣教育（學術）界最時髦的名詞，人人言必稱核心素養，核心素養成為當前主流的、最有價值的知識。這種現象是如何形成的呢？用Popkewitz的話來說，最有價值的知識是如何可能的呢？

如語錄16所說的，Popkewitz從後結構主義的觀點提出社會認識論，改變對知識的提問方式，不是早期斯賓賽所問的什麼知識最有價值，也不是1970年代Apple誰的知識最有價值，而改問：最有價值的知識是如何可能的？他強調知識不是權力、意識型態的問題，而是一種社會、歷史的實踐，是權力關係的效應：權力生產知識，知識建構主體，當權力關係改變時，知識也被再建構，而且這種知識／權力／主體關係是在特定的社會、歷史脈絡發生的。

所以Popkewitz強調，課程改革的研究要探討學校中的知識及其與機構、權力間的關係，以理解當代機構中權力運作時，知識生產的社會關聯性和歷史脈絡性。

核心素養熱確有其歷史、社會脈絡和知識／權力關係。1986年政治解嚴，長久被壓抑的社會力一夕爆發，教育已非全面改革以為因應不可。但一系列翻天覆地的革命式的教改，就像嫌牛走得慢，立刻把牛換成馬，但車體沒改裝，路沒拓寬，教師再教育不足，卻一下子由駕牛車的農夫變成駕牛車的馬夫，駕著馬拉的

牛車，狂奔於蜿蜒的田埂，於是摔的摔、傷的傷，焦慮、挫折、憤懣的情緒彌漫於教育界。

此後，政黨一再輪替，政治不穩、經濟力衰退、學力下降、城鄉差距擴大、教育M型化，學生負擔並未減輕，形成一股社會集體焦慮，亟需宣洩。

這時由下興起的翻轉教育適時成為這股焦慮的民間版的宣洩口，幾千教師參加「夢N」，像信徒在盛讚師父、感恩師父的宗教催眠儀式中得到救贖一樣，在參加集體儀式中，證明我參與教改了、翻轉了，我也是有翻轉能力的教師，這種感覺就具有療癒的作用。至於回學校後有否翻轉，前滾翻或後滾翻，就不重要了。

官方也須有宣洩口。2000年民進黨執政，曾志朗任教育部部長，就在國教院內成立提升國民核心素養辦公室，集合人力、資源，進行核心素養的研究，其成員多人後來都成為國教院院長（籌備主任），自然要將其研究成果加以應用推廣。這種知識／權力關係使核心素養成為新課綱的主軸，教育決策者、核心素養論者，以批判基本能力來為新課綱合理化，一再宣稱核心素養比過去的基本能力更好、更完整，能改進基本能力的缺陷，讓教師相信，只要實施核心素養，我們的孩子就有競爭力，就能在PISA得高分。核心素養的這種召喚力也吸引許多學者、教師投入，這也是一種療癒。

請問，對今天的核心素養熱潮，大家有何看法？

課程語錄 59
核心素養的深化與開展

語錄56-58好像一直在批評核心素養，我不是反對核心素養，只是希望大家不要盲目的、一窩蜂的接受，希望有更多的對話和論辯，讓它深化、活化，活在學校，活在教室，活在學生的生活上。

關於核心素養的深化與開展，提出下列想法，藉供參考：

一、過程觀的核心素養

核心素養始於生活情境，用於生活情境，永遠活於生活情境中。所以核心素養不是終點或產品，而是一個過程，在過程中不斷的生成（becoming），因其運作的特定的時空脈絡而實質化。由於其游牧式的發展，它不會被固定於一個脈絡上，而是橫跨各種脈絡，以不可預測的方式運作著，其目的在培養學生成為有教養的人。但有素養的人不是僵化的、定型的，而是生成過程中的人、尚未成型的人，一直在變化、在發展的過程中。

二、多元觀的核心素養

素養的學習和表出是多元的，而非單一的。就像人利用多元的求知方式一樣，素養的學習也是多元的，除了科學以外，人際的、直覺的、敘說的、實踐的、靈

性的、美學的形式都能充實不同的素養。知識和經驗的深化和擴充，不僅依賴聽和看，更需要嚐、聞、觸和感覺，統合視覺、味覺、嗅覺、觸覺、聽覺和動覺的系統，能深化和擴充意義的範圍。

同時，素養的表出方式不僅只是用語言、文字，還可利用詩、歌、舞蹈、圖片、小說、影片、視覺藝術、雕刻、自然世界或其他文本等，每一種形式呈現不同的素養、素質和結構，代表獨特的韻味和特質。

三、深度觀的核心素養

深度學習已成為當前課程、教學改革的主要趨勢之一，核心素養也要朝著深度的方向思考。例如：閱讀教育，要強調深度的閱讀、解構式的閱讀和內在性的閱讀。深度的閱讀是指不僅閱讀表面的文字，更要閱讀字裡行間的意義，閱讀書頁外的文字；解構式閱讀是閱讀文字中蘊含的意識型態或權力關係，加以批判、解構、再建構；內在性閱讀是閱讀者要將閱讀材料和自己的生命故事、經驗、歷史、自傳等關聯起來，產生內在的意義。

四、文本觀的核心素養

核心素養是一種文本，教師應參酌學校環境、學生特性、時空脈絡等因素，將核心素養加以解讀、詮釋、慎思或批判，以尋求理解，並依實施結果加以修訂，以落實於學校。

五、美學觀的核心素養

在標準本位改革旗幟飄揚下的臺灣，三面九項很容易被技術化為標準，而且是唯一的標準。但Greene強調，最有意義的標準是藝術性的，忠實於各種藝術形式呈現各自最好的一面，例如：反省性的、批判性的。欣賞Mozart或Modonna的作品，忠實於其藝術形式和素質，讓作品產生個人的意義，因而創新了學習的境界，即學習包含了藝術，以及藝術創作過程中產生的高標準，也包含了人類獨特的想像的、有啟發性的層面。

這時核心素養回應學習的呼喚，Greene認為，這就是正在形成的社群（community-in-the-making），是道德的社群，也是美學社群！

總之：

核心素養不是名詞，而是動詞；

核心素養不是終點，而是過程；

核心素養不是產品，而是實踐；

核心素養不是單一的，而是多元的；

核心素養不是僵化的，而是不斷生成的；

核心素養不是技術的，而是藝術的、美學的。

課程語錄 *60* 生日「敢」言

　　謝謝大家給我的生日祝福，我以虔敬的心全部接受，活在充實、豐盈的日子，感恩！

　　課程語錄承蒙大家支持、指正，已授權五南圖書出版公司於年底前出版，同時《臺北市教育e週報》也要擇篇刊登，還請各位好友繼續批評指正！

　　我的博士生章五奇老師（新北市安坑國小退休）替我寫傳，她說要以寫第二篇博士論文的態度來寫，非常感動，現在已完成前四章了，謝謝五奇。

　　我就讀師範學校，當過師專教務主任、師範學院校長，目前仍在教育大學兼課。我見證、親臨了師範教育的發展，我接受的教育幾乎都是講述法，我也在中小學用講述法教學；後來我推動問思教學法、價值澄清教學法的改革，最近協助推展學習共同體。我也見證了教學方法的改革，我當過研習會主任，主導板橋模式的課程實驗；編過、審過國小教科書；推動一綱多本教科書政策。我也曾任多次教育部課程標準修訂委員會委員，課審會、課發會委員……

　　五奇訪談我25次後說，歐老的生命史就是一部近代臺灣課程史，我愧不敢當，但藉著生日的憨膽，敢言一次。

我希望我的傳記能看見近代臺灣的課程教學改革，看見臺灣課程教學理論的演變，給後繼者參考，這應該也是課程研究者的責任。

　　五奇給我一個作業，要我自己寫最後一章。每個人的一生都是一本故事，但最後一章通常都不是自己寫的，如果老天同意，我會從這段與癌共舞的日子思考生命和生命教育的意義。

　　謝謝大家，祝福大家！

課程語錄 *61*
以三新迎接新學年（一）

暑假結束，學校又開學了。希望大家都能以新知識、新工作模式和新文化等三新，開始新的生活。

尤其108學年度，期盼已久的十二年國教新課綱正式實施，新課程實施最重要的是概念重建（reconceptual）、結構再造（restructuring）和文化再生（reculturing），這正是前述的三新。

首先要將新課綱的概念、知識複雜化，例如新課綱強調核心素養，語錄已多次論述。

新課程分為兩類：部定課程和校訂課程。前者即領域學習課程，旨在培養全體國民必備的基本學力，奠定終身學習、適性發展的基礎；後者即彈性學習課程，包含：主題／專題／議題探究課程、社團與技藝課程、特殊需求課程和其他類課程等，是在因應不同的地區、環境和師生的差異，以發揮學校特色，充實學生主體。兩類課程要緊密結合才能提升課程品質。

國教院課發會在討論課綱時，我一再強調課程統整在今天生活上的重要性，但大部分委員都鑒於統整課程在九年一貫課程實施的失敗，只強調跨領域，但捨統整如何跨領域？我總覺得讓教師從失敗中學習，從統整課程跌倒，從統整課程站起來，應該是很好的學習。

後來范信賢主任也從統整課程的觀點，建議部定課程採用多學科統整，校訂課程多用科際統整或超學科統整。

我贊同這種作法，而且希望各校教師好好研究新課綱和教科書內容，找出部定課程的知識（概念、原理原則……）、能力、素養等，作為校訂課程科際統整或超學科統整的組織中心。這樣，校訂課程不僅是從在地脈絡長出來的，和部定課程更緊密關聯，也更能回應世界的脈動。

新課綱還有很多新概念要加以釐清！

課程語錄 **62**
以三新迎接新學年（二）

　　新課綱的實施須有組織結構的再造，108新課綱在結構再造上的重要配套是：建立以校長和教師公開授課為核心的校本學習機制。

　　每次新課程實施，校長、教師都要接受非常多的研習，但大部分的研習都是聽講式的，只聽抽象的理念，效果有限。為什麼不讓校長在學校與全校教職員針對新課綱有更多的對話：核心素養是什麼？對學校、師生而言三面九項意味什麼？具體上怎麼作呢？這樣核心素養才是活的，這種校本學習才有意義。

　　但校本學習機制的建立要先培養校長、教師學習，尤其是相互學習的態度和能力，而公開授課是最佳途徑，因此我在課發會提案在新課綱中加入「校長暨每位教師每學年至少應公開授課乙次」的規定，但教師會強力反對。正如Fullan說的，學校是教與學的地方，卻比企業更怕學習，因傳統的教學是大人 ── 校長、教師教，學生學，自己不必學。

　　這個提案後來在課發會、課審會激烈爭論後通過，顯現打開校長室大門、教室門窗，改變教室風景的社會的深層期待。

現在已經有些校長、教師作了公開課，也有教育局、處長親自實施，令人感動。希望所有校長、老師們作好準備，宣示自己是學習者，在備課、觀課、議課中相互學習。尤其是校長，更可大聲說：我很久沒上課了，但我是學習者，我願意向老師學，向學生學，大家一起學。藉公開課展現學習者的真誠的態度，更藉此呼籲學習是我們學校的核心價值，知識的創新和分享將是學校的核心工作。

　　因此學校要減少行政上的會議，將大部分的時間、人力、資源用於討論課程教學問題，用於備課、觀課、議課。

　　這種校本學習機制也能形塑學校的新文化。

課程語錄 63
以三新迎接新學年（三）

校本學習機制如果能夠落實，就能形塑學校的新文化。

課程是文化的實踐，師生都在特定的文化脈絡下生活、教和學，新課程的實施當然要有新文化的土壤。

早期的研究發現，教師文化有三大特徵：

教師孤立單兵作戰，缺少同事情誼，同事只是牆的隔壁的那個人。

集體平庸化，凸出來的釘子一定被打下去。

教師相互護短、互相掩護。

而以校長、教師學習為核心的校本學習機制正可克服這些缺點，教師打開門，開放心胸和視野，大家一起討論、備課、觀課、議課，針對什麼是好的教學、怎樣才是素養導向的評量、怎樣才是卓越等，進行集體的慎思和對話，凝聚了同事情誼或同僚性，於是學校的哲學理念漸漸浮現，學校願景也漸漸清晰。這種由校長、教師對話、互學中產生的哲學、目標、遠景，不是常被批評的「只是神主牌沒有靈位」，而有了真實的意義。

在這種合作的、學習的校園文化下，師生沒有人落單，都一起學習，一起成長。

師生都發揮各自的特點，邁向卓越。

師生共享願景，追求共好！

這也是新課綱的願景！

課程語錄 *64* 革新必先革心

語錄61-63探討課程改革的三新：reconceptualizing、restructuring和reculturing，這只是最基本的新，其實實施新課程什麼都要新。

但革新必先革心，教育人員的「心」最重要。

開放教育沒有落實，因為校長、教師不夠開心（放），權威心態沒有放下。

九年一貫統整課程失敗，也是因為校長、教師不夠開心，歷史教師太堅持學科城堡，沒有放開心胸和地理、公民，或其他老師一起設計社會科課程；數學教師也不願意和物理、化學或其他老師一起設計自然科學課程……

佐藤學教授發現，學習共同體中最重要的民主性，臺灣和大陸最不理想（參語錄2）。也因為校長、教師不夠開心，將學生區分為能/不能學習者，沒有肯定人人都會學習；雖蹲在學生旁邊聽，但姿態不夠柔和，甚至有些咄咄逼人：「你說/妳說」，準備將她/他們的回答列入既有範疇，也許心中嘀咕著：「我才不相信你還能有什麼好答案！」

統整已是今日社會的重要素養，新課綱也強調跨領域課程，因此教師要更開心、更開放；社群運作或備、觀、議課時，要打破領域、學科、學年的界限，更要跨

校、跨域。100年我在臺灣首府大學人文教育學院推動學習共同體，還和鄰近的高中職、國中小組成策略聯盟，一起讀書會，一起備、觀、議課，參與者都認為跨域的學習是前所未有的體驗，對教學有全新的體悟。

實施新課程要有很多新，但革新必先革心，只要有心、用心，處處都是新，心在哪兒，那兒就是新！

大家加油！再開心（放）些，再浪漫一點，再多些詩性、多些夢想，再鬆些綁！

課程語錄 65
鬆綁？誰鬆誰的綁？

語錄64提到請教師再開放些、多鬆些綁，鬆綁（deregulation）是臺灣教改運動上的一大口號。為什麼要鬆綁？什麼是鬆綁？鬆鬆地綁、鬆了不綁、鬆後再綁？

其實，最必須問的是，誰鬆誰的綁？大部分的綁都是教師自己綁的，解鈴還須繫鈴人，教師要鬆自己的綁！

例如：課程順序性成為今天老師很緊的綁，歷史老師還堅持要先古後今；地理老師堅持由近及遠；數學老師還……這是現代性樹木型課程的假定：教材內容如樹根，有先後，有始有終，這樣學生才能理解，這樣教才是好老師。

Foucault用自我技藝（technologies of the self）來說明人自己綁自己的情形。人利用自己的手段或在他人協助下，影響對自己的身體、靈魂、思想、行動，和存在方式的操作，以轉變自己，希望達到幸福、純潔、智慧、完美和不朽的境界。於是人發展關於自己的知識來管理和約制（綁）自己，而且自我技藝很快的被吸納入國家機器內，成為國家管理權力的一部分，是被社會組織和管理的。

因此鬆綁就極為複雜，因為被綁久了，習慣了、舒適了，就像被關在籠裡的鳥即使門打開了，也不一定敢飛出去。

但Foucault指出可能性,他說,既然所有的知識都是危險的,那我們就有很多事可以作。他又說,人都知道他在作什麼,也知道為什麼這麼作,但很少人知道作這些事有何效應,因此教師要質疑現在的情境,例如:為何有瘦身熱、翻轉熱或核心素養潮?又如教學真的一定要遵循這樣的順序嗎?然後將這些事件歷史化——這種熱潮在歷史上是如何被特定的知識/權力關係形成的,覺醒它不是必然的,我們可以有不同的思考方式(存有方式),可以有不同的主體。

　　也就是說,教師要用自己的手段或在他人協助下,發展關於自己的不同的知識,來改變自己的身體、靈魂、思想、行動和生存方式。例如:後現代課程觀就推翻了傳統順序性的假定,強調課程是地下莖,朝各方向發展,沒有先後始終,生命力強韌又盤根錯結、無限延伸。

　　教學不必拘泥於傳統的順序性,依傳統的順序教也不一定就是好老師了。以新的知識/權力/主體關係代替舊的知識/權力/主體關係,讓教師主體去中心化,覺醒主體是變動的、可質疑的,可以有不同的呼吸、不一樣的存有方式,還有很多可能性!

　　許多綁都是教師自己綁的,鬆綁,是教師鬆自己的綁,沒有別人可以鬆你的綁!

課程語錄 66 兩老無猜課程緣

民國57年，我就讀國立臺灣師範大學教育學系大三，初識剛入學的伯璋。這段結緣於教育、延續於課程的友誼，已有半世紀之久。這段旅程中，我只是虛長幾歲，無論為學做人、道德文章，伯璋都是我學習和效法的楷模。

伯璋一直好學不倦，且展現學術潛能：大二時就與陳柏達共同翻譯教育學者Bruner, J. S.名著《教育的過程》（*the process of education*）一書，展現了他的才華；在師大修課之餘，即常常前往臺大哲學系、社會學系和心理學系聽課，如此多元的探索與嘗試，和這種跨校、跨領域的學習，奠基了伯璋在教育和課程研究的厚實基礎。

伯璋一生手不釋卷、飽讀詩書，記得第一次到他位在雲和街住宅時，我看到他地下室滿屋子的藏書，感到萬分驚喜，更佩服他對學術新知的熱愛。這個地下室不但是藏書之所，也是他與不同領域的學者、學生們聚會、對話的私密基地，他不但對知識有廣博而開放的心，對不同學者和學派，也有廣納百川的氣度。

伯璋在師大畢業之後，前往國立臺東師專擔任助教，後來我前往日本讀書，彼此較無聯繫。我在日本就學期間，伯璋的岳父偶來探訪。一次，伯璋託其岳父向

我邀稿，因為他正擔任《今日教育》的主編，當時我正熱衷於批判教育學的研究，遂整理了〈潛在課程概念剖析〉乙文給他。之後伯璋一再提起，他第一次看到潛在課程這個概念，便深受感動和啓發，並決定以它作為博士論文的題目，開啓了我倆潛在課程研究共舞的旅程。

我自日本回國後，前往省立臺南師專擔任講師，陸續發表了些課程研究的心得。當時黃光雄教授在臺灣師範大學教育研究所博士班開課程理論的課，我很想向黃教授請益，伯璋便引薦我去面見黃光雄教授。這件事對我來說有很重要的意義，因為從此以後，黃光雄老師成為我一生的貴人：不僅指導我完成博士論文（另一指導教授是王家通老師），之後我到新竹師專任職、轉任臺北師專、臺灣省國民學校教師研習會主任、臺北師範學院校長，都因為黃老師的聘任、推薦和支持，終身感謝黃光雄老師的知遇之恩，對伯璋的引薦也不敢或忘。

伯璋與我的情誼是純粹的、無私的，一起為促進臺灣課程學術研究的發展而努力。東華大學陳添球教授，那時就讀中興大學社會學研究所碩士班，想請伯璋指導他作國小教師教室生活的質性研究，伯璋立刻以國小我較熟悉，即轉介給我指導。添球回憶，他第一次和我見面時就覺得很親切，因為我笑著說：「這是我第一次指導研究生，你要先指導我怎麼指導研究生喔！」當時學術界仍受量化典範主導，民國77年陳添球碩士論

文《國小教師教學自主性》的口試，橫遭量化數據的挑戰，顯示了研究典範轉移的困難。但這篇碩士論文成為臺灣第一篇課程的質性研究，同時我和伯璋也先後出版質性研究的專著，帶動了質性研究的風潮，開拓臺灣課程研究的新境界。

民國82年，伯璋擔任國立花蓮師範學院校長，協助教育部規劃國民中小學九年一貫課程。接著，教育部組成九年一貫課程諮詢輔導小組，本來要請伯璋擔任召集人，但他以交通為由謙讓，還特別推薦我擔任（當時我任國立臺北師範學院校長）。伯璋這種成功不必在我的胸懷，令人敬佩！這樣的情操，也展現在他完成了國家教育研究院，從辛苦籌備而將正式掛牌的歷程後，卻決意翩然轉身，婉拒擔任首屆正式院長之職，此淡泊明志的胸襟、超然的修為，實為罕見。

記得，2008年伯璋接下國家教育研究院籌備主任，他上任不到一週就來找我，言及當年預算已經編訂，但他想用主任的私房錢進行兩個重要的研究：他自己作理念學校的課程研究，請我主持課程美學的研究。這一年半，我們開展了許多課程美學的學術活動，例如：專題演講、讀書會，在中小學進行實驗，並邀請國際知名的A/R/T研究者Elisabath Irwin前來臺灣講學。課程美學漸漸成為課程研究主流，也拓展了臺灣課程理論和方法論的視野，且將成果報告提供給陳碧涵立法委員參考，促成了教育部美感教育五年計畫的規劃，讓課

程美學的扎根落實於國民中小學。

　　我和伯璋不僅在國內共同攜手投入課程改革，還常常一起前往中國大陸講學、闡釋臺灣課程改革的理念和規劃。1998年我倆和大陸課程與教學研究所呂達所長、香港中文大學課程與教學學系黃顯華教授，共同發起兩岸三地課程理論研討會，每年依序在臺灣、香港和大陸輪流舉辦課程理論研討會，扮演了兩岸三地課程智庫的角色。與會學者、專家，都對當地課程政策發揮很大的影響力，引領了三地課程發展的方向。例如：21世紀初，兩岸三地新課綱〔課程標準〕都同時強調學校本位、統整課程、學習領域、基本能力……等。這個研討會，至今仍持續辦理，今年（2018）10月，適逢20週年紀念，即將在北京人教社課程教學研究所擴大辦理；怎奈伯璋無法親自與會，將是20週年大會最大的遺憾！！

　　印象中，曾有教育部官員對我說：「和伯璋老師一起喝咖啡時，老師話好少，我都不知道要怎麼聊才好……」我笑了，伯璋就是這樣的省話一哥，他總是沒有很多交際的話語，也從沒有光芒四射的姿態。不過，潛在隱約中有某種無以取代的領袖氣質，任何人任何時候若有機會與他同席而談，自然受其吸引。在平靜自然的互動中，展現出人與人之間的溫暖。

　　難得的是，我和伯璋一起研究課程，一起參與課程改革，我們共同流著課程的血液。因而在舉手投足、一

舉一動之際，常常只要眉宇、眼神的交流，就領會了彼此的想法，可謂「心心相映，兩老無猜」了。

　　這段兩老無猜的課程緣，就是如此地自然、自在和平凡；但在自然中顯現了伯璋的平實，自在中蘊含了智慧，平凡中卻無比的非凡。

　　（本文刊載於李文富、薛曉華主編，《寧靜致遠，教育改革的推手 —— 陳伯璋教授》）

2018 大武山論見

課程語錄 67
實驗教育，實驗什麼？

104年年底，政府公布實驗教育三法後實驗學校如雨後春筍一間間成立。國立臺北教育大學方圓500公尺就有4所實驗中小學，形成實驗學校比超商還要多的榮景。

實驗教育、實驗學校，實驗什麼呢？

首先，新法公布前，原有的實驗學校有發揮功能嗎？現有（教育）大學附設實驗小學9所，政大實小和臺北市立國語實驗小學，早期都負重要的課程、教學實驗之責，卓有成效，但今天呢？十二年國民基本教育課程正進行實驗，實驗學校不應該正是展現功力的時候了嗎？但據實驗計畫總召集人說，有幾所實小沒有參加或意興闌珊，甚至有實小不歡迎師培生到校實習。這些不參與實驗的實驗學校還有存在的必要嗎？

其次，設立實驗學校的目的何在？是因為招生困難，換個實驗學校的名稱，讓家長有期待，以救亡圖存？還是？

最重要的是實驗什麼？據聞大部分是文化、環境、生態課程、混齡教學……等。

這些實驗在一般學校不能作嗎？十二年國教課綱設有校訂課程，學校不是有很大的彈性設計特色課程嗎？混齡教學只是一種課程教學型態，學校就可自行調整，真有需要為此設立一所學校？

我不反對實驗教育，而且肯定實驗教育的重要，但希望：

實驗合理性明確；

實驗學校定位清晰。

實驗內容宜有前瞻。多作常年未解的教育問題的實驗。例如：九年一貫國民中小學如何取消國中部、國小部的劃分？如何調整上課分鐘數？教師資格如何一致？十二年一貫學校的可能性？這種學校如何實施混齡學習？（含幼兒園）……

加強實驗中的研究。實驗不是目的，依研究結果解決問題才有意義。

要慎重考慮實驗倫理。實驗不一定成功，也允許失敗，因此要顧及對被實驗者的影響，尤其被實驗者是學生（人），不是白老鼠。

不宜輕率更改校名。否則實驗期程結束，因故無法繼續實驗或實驗熱潮消退時，一堆不再作實驗的實驗學校如何處理？廣設大學當時是德政，今天呢？歷史殷鑑不遠。

……

推動實驗教育不能只有熱情，籲請慎重處理。

課程語錄 *68*
教學計畫？教學設計？

哲學家Arendt將人類生活內涵分為三類：工作（work）、勞務（labor），和活動（activity）。早起刷牙、洗臉是work；Labor是勞心、勞力，是有報酬的；而活動是有文化、社會意義的，例如和友人用餐聯誼等。

佐藤學教授引申：工作、勞動可以計畫，但活動不是計畫，而是設計。例如：聚餐時並沒有計畫要喝5瓶啤酒，或計畫把某人灌醉。他認為教學是一種活動，不是教學計畫（planning），而是教學設計（design）。

教學是科學或藝術？佐藤學教授從藝術的立場強調教學設計；我認為過去只重視教學科學，現在要轉向教學藝術，強調教學設計。

教學設計強調目的、目標是過程中慢慢浮現的、變動的；教學科學卻認為要先明確列出目標，這不是進庭園參觀前就知道庭園裡有什麼、講笑話前先知道了笑點，誰還有興趣學習？教學設計強調入口哲學，引發驚奇。

教學設計強調過程，相信過程，等待過程；教學科學卻急著看到成果，尤其是量化的成果。

教學設計強調教、學是在創作，是在完成作品，不是作作業。

　　教學設計強調多元、即興演奏、不可預測性、複雜性；教學計畫卻重視標準化、嚴謹的SOP。

　　教學設計似登山，條條山路都能登頂；教學計畫似爬梯，只有一個階梯可爬。

　　教學設計強調教室像藝術家的工作室，而非科學家的實驗室。

　　教學是藝術，教學設計重於教學計畫！

課程語錄 *69*
「教書是很寂寞的呦！」

　　1978年年底，我完成日本東京大學教育學博士論文，因礙於東大傳統，文、社、藝術等學門尚須等博士候選人有實務貢獻，才授予學位（數年後取消了這個限制），指導教授建議我暫時回臺灣發展。

　　我遂於年底返國，因為沒有博士學位，求職不易，幸得到當時教育部國民教育司司長方炎明老師大力協助，不久就找到臺灣省教育廳的工作。方老師知道我教育行政人員高考及格，但這個缺是依歸國學人任職條例臨時騰出的臨編專員，XX科長答應不久就可補實，要我先委屈一下。方老師和XX科長這麼熱心協助，我感激萬分，欣然接受，1979年初到教育廳任職。

　　我以前當過國中小學教師，這是第一個教育行政工作，充滿新奇和挑戰，應該也是很好的學習機會，科長也很照顧我。奈因案牘公文無法滿足我讀書寫作的志趣，一直希望往學術界發展。母校臺南師專耿相曾校長願意聘用，因此，7月初我向科長提出辭呈。當他知道我要到臺南師專任講師時，一臉不以為然的表情說：「教書是很寂寞的呦！」又一直鼓勵我在廳裡辛苦一、二年就可派任縣市教育局長，然後轉任高中校長（這是當時教育廳幹部最好的出路），要我再慎重考慮。

這時我完全理解他所謂寂寞的意思。這段期間有機會陪科長，尤其陪教育部官員到地方視察，感受到地方教育局、學校的尊重。鄉下的校長、主任宛如見到京城大官，必恭必敬、立正聽訓，會後則杯觥交錯，賓主盡歡，餐後還來個卡拉ok，豈不熱鬧！（偶而講這個故事，從事教育行政的研究生說，現在沒有了啦！甚至官不聊生呢！喔？）

我不喜歡熱鬧，我愛寂寞。第二天我去拜託科長簽了我的辭呈，雖為辜負方司長和科長的期待抱歉，但為了學術夢我於1979年8月前往臺南師專擔任講師工作，開始寂寞的旅程！

有人問我有沒有後悔過？藝術家林建榮先生的話回答了這個問題：「在孤獨寂寞中有一種飽滿的東西存在。」是啊！在孤獨中我感覺到充實、豐盈，一點也不寂寞！

林先生2015年年底在松山文創園區「自孤獨不如眾孤獨」的創作中說：孤獨是創作者常要面對的心靈狀態，使創作者隔絕於現實之外，不斷的自我反芻與內在對話，壓抑的情感思緒和內心的小宇宙才得以釋放、爆裂出來。這正如課程學者Morris（2008）說的，孤獨和沉默讓靈魂說話，這時才聽到文本的聲音，聲音嘹亮；才看見文本的顏色，色彩繽紛。這就是研究，這就是書寫！

所以Morris（2008）說，研究者要和僧侶一樣需要遁世，遁世才開始追尋靈魂，研究者失去靈魂就不再神聖！

　　人都需要孤獨、寂寞，大家一起來孤獨片刻吧！

課程語錄 *70* 咫尺臺大？

　　我一生有兩度機會可能成為臺大人，但都被我放棄了。

　　民國54年，我在高雄市旗津區中洲國小服務第三年，也為大學入學考試準備了三年，服務期滿，可參加大學入學考試了，有試必考的意志將再接受考驗。

　　那時大學只有六所，考大學可不是易事，考科有六：國文、歷史、地理、三民主義是較有把握的，英文、數學則非補強不可。因此白天教書，晚上要到市區補習班補習，回到宿舍都快11點了，開始讀書到半夜，焚膏繼晷、日以繼夜，三年寒窗⋯⋯

　　結果總成績410分，意外的高，前四科都有90分，數學、英文合計50分。這麼高分有原因：作文題目「給大陸同胞的一封信」被我猜中了，我背了好多篇這樣的文章，我記得寫得文情並茂，自己都很感動。（或許作文閱卷委員，還為我的愛國情操感動到落淚呢！）又那年數學科SMSG新數學第一次命題，數學平均成績比往年降低很多，正好彌補了我數學低分的弱點。

　　我最嚮往臺大法律系，但填志願時（那時是先考試再填志願）又限於貧窮的現實，只好把臺灣師大擺最前面，依英語、教育、國文、歷史、地理的順序，連童教科（二年制，培養國中童子軍教師，後改為公民訓育

系）都填了，最後填上臺大法律系（寫個心酸的），結果被分發到師大教育系。

那年臺大法律系最低分是409，就這樣，我把臺大放棄了！有朋友笑說：「不然，你現在就在立法院打架啦！不然，新臺灣之子搞不好就是你喔！」哈哈！當然我不可能有這個能耐！

民國84年1月，我就任國立臺北師範學院校長，開始籌備次年12月初的北師百週年校慶。這是全國第一所百週年的大學，我們的前輩篳路藍縷，胼手胝足，為我們立下了這麼好的基業，傳承這種教育精神是我們的歷史責任。師生校友都在歷史感召下同心協力，北師百週年風光度過，向新的一百年邁進！北師社群於焉形成，我是北師人，我愛北師的意識正在發酵……

這時大學合併成為教育議題，或許地緣關係，北師常被點名與臺大合併，兩校確有熱心教授極力推動。我一生受師範教育熏陶，我任教過中小學，我主持過臺灣省國民學校教師研習會，在三所師專服務過，可說身心都流著「師範」的血液。我對師範有很深的歷史情感，但身為校長，不能因個人影響學校的發展，我對北師是否和其他學校（當時相親的學校還有臺北科大、臺北護理學院、師大、市北師、國教院等）合併，保持開放的態度。後來國北和臺大簽訂了策略聯盟，儀式中記者一直追問，這是否表示國北將和臺大合併了？當時我這樣回答：「今天兩校結盟，就像男女開始交往，此後要看

手牽得溫不溫暖！」

　　臺大有些教授真心想和北師合併，但不少教授擺高姿態，在媒體上的聲音都很刺耳：教師研究水準差啦！學生程度低啦！甚至，國北師教師資格還要送臺大審核等。記得在一次校務會議上，老師們爆發了不滿的情緒，臺大要來殖民統治國北嗎？我們要先弄清楚，併到臺大後是妻還是妾？百年名校非靠臺大不可嗎？……

　　我心中有了答案，我任內不討論併校的事了，我又放棄了臺大！無緣的臺大！

　　師範教育在臺灣教育史上淵遠流長，由師範學校改制為師專、師院、教育大學，每一階段都培養很多人材，對臺灣教育的發展和穩定扮演關鍵性的角色，為何不留下一、二所作為歷史的見證？國北教育大學今年創校124週年，見證了臺灣師範的發展，還在創造歷史。

　　國北教大的校史就是一部臺灣師範教育的發展史！

課程語錄 71 「教」師？

W Ward：
the mediocre teacher tells
the good teacher explains
the super teacher demostrates
the great teacher inspires

日本東京大學教育學部秋田喜代美教授認為教師是盆栽。日本盆栽主要有兩種：菊（kiku）和松（matsu）。

Kiku，聆聽；matsu，等待

古之師者，傳道、授業、解惑也。
今之師者，激勵、聆聽、等待而已。

妳／你認為呢？妳／你是怎樣的教師？妳／你是怎麼作的？

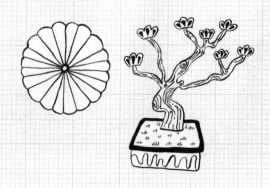

課程語錄 72 深度理解

　　書到用時方恨少，但讀書若不精、不深、不理解，讀多了也沒有用。許多研究生沒深度閱讀和理解，論文當然寫不出來。

　　如何深度閱讀和理解？

　　1. 黑暗思考。現象學者Manen說黑暗是方法，黑暗也是一種顏色，只是被白天遮住了。只要關掉燈，就能看到文本的顏色、聽到文本的聲音，書寫就開始了。

　　2. 閱讀字裡行間。閱讀弦外之音、書頁之外，閱讀作者沒有說、沒有寫的。

　　3. 後結構主義的主體去中心化。在忘記自我中，研究自我、發現自我、了解自己是誰。

　　4. 禪道的放空。放下、放棄我執，不帶以往的經驗，讓事情回歸本來的因緣。什麼都有，就是沒有我。

　　5. 批判性的遺忘。不拘泥於文字，學習須有「空」的空間。無（nothingness）提供了這種空間，在遺忘中找回被遺忘的東西。

　　這時，想通了、開竅了，茅塞頓開、思路暢通、文思泉湧，下筆如有神，甚至神來一筆。

　　這時，不是我在寫字，而是字在寫我，字自己跑進稿紙裡。

課程語錄 73 A look that hears

課程學者Aoki說了一個故事：

「一位和尚種了滿園的牽牛花，美麗壯觀，附近莊主約好月圓次日前來觀賞。當日和尚早起將牽牛花剪光，只剩一株。莊主很驚訝，眾人稱讚的牽牛花呢？和尚輕柔的對他說……，於是莊主坐下來，良久後深深地向和尚鞠躬說，現在我清楚了怎樣才能專心凝視且讓看到的東西說話！同時嘴邊帶著微笑離去。」

請問，和尚向莊主說了什麼？

Aoki說，這個和尚是真正的教育者、引導者，為什麼？妳／你認為呢？

我們從這個故事可學到什麼？

課程語錄 *74* 現實的不可見性

語錄14〈Orpheus的凝視〉中提到，Orpheus帶著愛妻走在黑暗的長道上，眼看快走到盡頭，快見到光亮了，為何猛一回頭，讓愛妻消失呢？語錄73〈A look that hears〉提到，和尚請莊主來賞花，為何把花剪光，只剩一株？

這兩則都關聯到現象學上的一個概念：現實的不可見性，感覺到真實但卻看不到。這種藝術性的召喚是吸引藝術家、作家、創作者不斷創作的一種神祕力量。

Orpheus愛他的妻子，但愛就是遺失；不是愛具體可見的形體，而是愛她在黑暗的矇矓，愛她在遠處、身體不可接近、臉部模糊。Orpheus猛然回頭是有意的，Orpheus凝視創造了看卻看不到、聽卻聽不到、抱卻抱不到的空間，這種有若無、虛若實、死若生、得若失、隱若現的現象學空間，對作家、藝術家、創作者是一種致命的吸引力，魅惑他們日以繼夜不斷創作。

和尚剪光牽牛花也引導莊主放棄誘人的明確性，要他以謙卑、謙讓的態度，深度聆聽和凝視，和花結為一體，看到並聽到牽牛花說話。剩下的這株花會說花園原有的壯觀的樣子，讓莊主體會少就是多，無中生有的意境！

這兩則現實的不可見性的現象學概念，有否搖醒
我們對具體明確的現代性的誘惑？對課程、教學改革
有何啟示？

教師如何和藝術家一樣，
學習現象學家的視野和思
考？

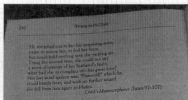

He stretched out to her depairing arms,
eager to rescue her, or feel her form,
but could hold nothing save the yielding air.
Dying the second time, she could not say
a word of censure of her husband's fault:
what had she to complain of—his great love?
Her last word spoken was, "Farewell" which he
could barely hear, and with no further sound
she fell from him again to Hades.

Ovid's Metamorphoses (lines 97-107)

All that Orpheus is left with is the image of that fleeting gaze that
he saw of Eurydice. This is the way the story is usually told: "when in fear
he might again lose her, and anxious for another look at her, he turned his
eyes so he could gaze upon her" (Ovid, lines 95-98). But Blanchot suggests
a different reading. Orpheus was not forgetful at all but motivated by a dif-
ferent gaze (see Nordholt, 1997).

According to Blanchot the ambiguous gaze of Orpheus was no ac-
cident. He does not subscribe to the romantic view according to which Or-
pheus tragically forgot the promise he made in a moment of anxious
unguardedness. The gaze was motivated by desire, says Blanchot. This
story is not primarily about retrieving a lost love, but love as lost. Orpheus
desired to cast a glance at Eurydice, before she resumed her mortal state as
they approached the light of day. In the words of Blanchot:

Orpheus wants Eurydice in her nocturnal obscurity, in her remote-
ness, her body inaccessible and her face inscrutable; he wants to see
her, not when she is visible, but when she is invisible, and not as in the
intimacy of normal life, but as in the strangeness of that which ex-
cludes any intimacy, not to make her live, but to have in her the full-
ness of her death (Laporte/Blanchot 1982, preface).

...wn to the Night of Truth

Love had drawn Orpheus into the dark. But what lies on the o...
...elongs to the great silence, to a "night" that is not human. So the...
...pheus expresses a desire that can never be completely fulfilled: t...

課程語錄 **75** 兒童不屬於教師

《你的孩子不是你的孩子》，這是正在播放的連續劇（我沒看，不知內容）。課程界早就有這樣的語言。課程學者Kind（2008）說：兒童不屬於教師，不再是教師管理、控制的傀儡，反而是教師屬於兒童。這正是說：妳／你的孩子不是妳／你的孩子。

但遺憾的是，翻轉教育翻了那麼久，學生中心喊了那麼久，教師依然認為學生是屬於自己的，仍把學生抓得緊緊的：我的孩子永遠是我的孩子！

臺灣的老師太低估學生，不信任學生：須我來傳道、授業、解惑，才能學習。數年前開始推動學習共同體時，「學生真的會相互討論？」「將學生分組時，如果四個低成就者分在一組呢？」幾乎是每位老師都質疑，到今天還是一樣不信任學生，還要指定一位（成績好的）當小組長，使學習完全變樣；jump題也擔心學生沒能力而過於容易，失去挑戰作用，讓佐藤學教授直呼臺灣的老師很溫柔（日語「容易」和溫柔發音相同：yasashi）。

老師們！回應Kind的呼籲，學生不屬於妳／你，不再是你／妳可以控制或管理的傀儡，反而是妳／你屬於他們。藝術家McNiff鼓勵老師，和學生一起進入未知，徘徊在不確定性上，相信過程，追隨他們的引導，等待某些新奇的事情發生！

放手吧！老師們！少一點傳道、授業、解惑，多一些激勵、聆聽、等待！陪在學生旁邊，和他們一起學習；向他們學習，專注聆聽，不僅聽到他們說了什麼，更要聽到沒有說出口，但希望被聽到的聲音。

　　學校、教室不再是製造罐裝罐頭的工廠。讓學生都有臉，而且每張臉都不一樣！

　　還給學生聲音！

　　還給學生學習權！

課程語錄 *76* 等待！

等待已是今天教師的一種重要素養！

教育（education）或教學（pedagogy）都是引出、引導的工作，從內在引出，以身體化的（embodied）方式引出，以充滿聲音和顏色的方式引出。教師遵循兒童的本質，將他們引導向新的可能性。藝術家McNiff認為這是一種藝術性的過程，教師要和學生一起進入未知，跟隨教材和學生的引導，相信過程，徘徊在不確定中，等待、聆聽，相信一些新奇的事物會出現。

但等待不是被動的、無所事事、虛度時光，或有距離的觀察；等待是身體化的，是充滿期待的、包容的、專注、保持開放性的等待，身心參與於過程中，期待某些未知的事物出現。例如：蹲在學生旁邊，用身體、表情、眼神、眉宇表達你對他們的信任、尊重和愛，學生感受到：老師相信我，等著我。連本來想放棄的學生也興起挑戰、參與的決心和勇氣。

教師要有耐心、包容、接受的態度，閱讀兒童帶給他的未知，尊重他們的想法，追隨他們的引導，而不是強引方向或控制結果；隨時準備被他們影響，被他們感動。這時師生間產生了內在性的共鳴（intra-active），建立了回應性的包容的關係，強力的支持學生作自己的

主人 —— 獨特的、不可取代的主體，課程學者Aoki說的，有臉的人！

　　等待，看似消極，卻發揮積極的作用；看似被動，卻是一種被動的能動性！

課程語錄 **77** 領導的新視野

　　課程領導，人人有責。課程學者Aoki重新詮釋領導的意義，他認為，像有學生才有教師、有子女才有母親一樣，有追隨者才有領導者。一個領導者必須是一個真心的追隨者，追隨什麼呢？

　　母親攜孩子的手過馬路，表現出母子間的關懷；即使母親牽不到孩子的手，但從對孩子的關懷而來的全神貫注的觸感，仍在引領孩子從現在朝向未來的可能性。

　　領導者要追隨的，就是這種關懷的真理。領導的權威來自對將追隨的情境的良善和價值的理解，領導者要有洞見、視野和智慧覺知這種良善和價值，覺知將追隨什麼，才能成為領導者。Aoki說，領導者須有如履深淵的深度的權力感，而這種權力是與真實的追隨有關的領導的基礎。

　　Aoki將領導從行政、管理的領域轉向藝術和倫理的考量，寓意深遠！

　　妳／你知道要追隨什麼了嗎？十二年國教課綱將給學校和社區帶來什麼良善和價值？妳／你要怎麼追隨呢？

課程語錄 78 爲修課綱而哭？

日前，十二年國民基本教育社會領域課綱在教育部課程審議大會上通過。

據報導，教育部長哭了，領域召集人和若干教授也哭了，這是臺灣課程史上的第一次。

課程改革是複雜的社會政治過程，更是細膩的權力／知識過程，社會領域（尤其是歷史）關乎國民的國家民族意識和主體認同，向為各種意識型態角力的焦點。2013年國民黨政府微調語文與社會領域課綱，演變到高中生上街頭抗議，甚至學生夜闖教育部，侵占部長室，而有教育部長控告學生、學生自殺等事件，這些都是臺灣課程史上的第一次。教育部長、學者教授為修課綱而哭，也是臺灣課程史上的第一次，值得記錄並加以探討。

是因為課程內容？

因為修訂過程？

因為阻力太大？

因為比預期快通過？或

……

又教育部為何在社會領域課綱一審查通過，立刻宣布新課綱如期於108學年度實施？

課程語錄 *79*
有前瞻性的核心素養觀

　　十二年國民基本教育課程綱要即將實施，大家正在熱烈討論素養、核心素養和素養導向教育時，楊俊鴻博士新著《素養導向課程與教學：理論與實際》適時出版，正是最好的參考資料。

　　關於素養、核心素養，本語錄已多次論述，並從過程、多元、深度、文本和美學等觀點闡釋了我的看法，最後歸納了六點：

　　核心素養不是名詞，而是動詞；

　　核心素養不是終點，而是過程；

　　核心素養不是產品，而是實踐；

　　核心素養不是單一的，而是多元的；

　　核心素養不是僵化的，而是生成的；

　　核心素養不是技術的，而是美學的、藝術的。

　　俊鴻的素養觀，正與我的素養觀不謀而合！俊鴻強調「素養」即Sù yǎng，含納概念的過去、現在意義及未來的想像意義，兼容英文competence與literacy、日文「資質・能力」與德文Bildung等概念，以創造「素養」概念在意義及內涵上的最大可能性，並保留對於未來「素養」概念的想像空間。俊鴻提出的「素養空間」的表述方式（如下圖所示），深具啟發性與前瞻性。

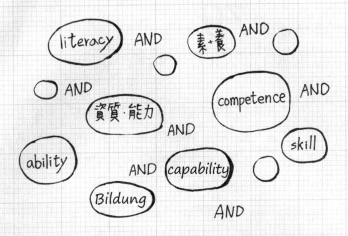

　　這種素養觀認為不同的概念之間，存在著多樣且複雜的關係，這些概念在「領域化」及「解領域化」的歷程中不斷地辯證並開展「素養」的意義與內涵。因此，「素養」是動態意義建構的歷程，在此歷程中，進行不斷地「游移」以生成新事物。在這種素養觀的基礎上，此書深入詮釋、理解與探究素養導向之課程與教學，顯現其獨特性。

　　十二年國民基本教育新課綱預定於108學年度開始實施，大家對於新課綱有很多期待，中小學教師及校長們也開始投入多項研習與工作坊，此書將成為最重要的參考資料。希望此書成為十二年國教實施的一盞明燈，對國教課程理論建構以及實施方向，起著關鍵性的作用。

俊鴻是國立中正大學課程研究所博士，由我及蔡清田教授共同指導，其博士論文《課程間性之探究》，係後現代課程理論最具代表性的著作之一。畢業之後，俊鴻於國家教育研究院課程及教學研究中心任職，並參與十二年國民基本教育課程發展指引、十二年國民基本教育課程綱要的研究與發展，尤其是致力於核心素養、素養導向、課程與教學方面的研究，此書是主要的研究成果。

　　俊鴻從一位庄腳囝仔到研究員，秉持著取之於社會、回饋於社會的理念，願意將本書的版稅收入全數捐給「臺灣兒童暨家庭扶助基金會」，這樣的情懷令我感動並感到欣慰。我非常樂意見到此書的出版，故特別撰文加以推薦。

課程語錄 *80*
課程、教學是情緒的工作

課程、教學不僅是知性的工作，也是情緒的工作。

語錄78提到，十二年國教課綱社會領域綱要審議通過時，教育部長、領域召集人等都哭了，他們為何有這種情緒？

教師的情緒更要關注，課程、教學改革往往假定校長、教師是無能者，要重新社會化，要再學習。教師面臨新制度、新教材、新教法，生活秩序和手邊知識都要重新安排，難免會有焦慮、不安、挫折，甚至憤懣等情緒。

其實，每個人都有情緒，人生不如意事十常八九，但這八九卻是學校該教卻沒有教的懸缺課程。課程不是關於一生的事嗎？不是關於生活、生命的嗎？為什麼只教十之一二的成功、進步、快樂，而隱藏了人生真實的失敗、失落、失意？

Davies認為情緒教學一般都採認知主義的觀點，要學生對自己的情緒（如憤怒）作道德的判斷，覺知這種情緒的不適當處，用意志的、理性的行動消除之。

但他在義大利幾所幼兒園的田野研究中發現，這些幼兒園依據佛家精神，鼓勵孩子擁抱憤怒、留住憤怒，

和憤怒作朋友，和憤怒溫柔地對話，教師就是要設計這樣的對話空間，讓孩子沉思、學習。

Davies強調，情緒是無法消除的，只能加以轉換。要經由對話、沉思，將情緒的負面的能量轉換為積極的力量，就像將垃圾轉換為養花或種菜的養分一樣。他說，這就是Deleuze所說的逃逸路線，轉向未知的，轉向未想過的。Davies由此發現Deleuze後結構主義和佛家思想有許多神似，可展開對情緒的東西方的對話。

東西方對情緒可能展開怎樣的對話？

課程、教學、學習都是情緒的，如何善用情緒的力量增強學習？

課程語錄 *81*　向學生學習

　　學習共同體的主要理念之一是教師由教學專家轉換為學習專家，向教師學、向教材學、向自己學，更要向學生學。三年前，我應某縣教育局之邀為國中小主任甄試命題，我出了這個題目：

　　古云：教學相長。今天教學理論也強調教師向學生學習。請以一個妳／你教過的單元為例，說說妳／你如何向學生學習？

　　應試者都是還在任教的中小學教師，對她／他們的想法我非常期待，但看過100多份答案卷後，我非常失望，頂多只是學生電腦比我強、料理手藝比我好，我向她／他學習等膚淺的答案。可見臺灣的教師還抱持傳統的我教你學的威權想法，絲毫沒有「不恥下問」向學生學習的態度和意願。

　　日本教師一開始備課，心中就有學生，就開始向學生學習。教學活動設計很簡單，但對「單元與學生」這一項都用心思考和討論，以了解學生的舊經驗及起點行為。這樣的教學活動學生有興趣嗎？這樣問，學生會怎麼回答？如何把答案引向學習目標？可能產生什麼迷失概念？那時如何處理？等問題。這些問題也是觀課和議課的焦點，所以日本教師的lesson study都以學生學習為中心，都在向學生學習。

最近密西根大學Ball數學研究小組特別強調單元與學生這個要素，將之稱為「內容與學生的知識」（knowledge of content and student, KCS），是PCK的重要成分之一，正在進行學術研究。

　　蹲在學生旁邊，只是一種尊重、信任學生的表徵，最重要的是用學生一樣的高度和視野來看見。如Cerbin說的，教師對學生的認知有同理心，覺知自己的專家的盲點，陪在學生旁邊，和他們一起學習，向他們學習！

課程語錄 *82* 教師是學習專家

教師節快樂！向偉大的教師致敬！教師之所以偉大是因為不斷的學習！

學習共同體強調教師要少說多聽、少教多學。佐藤學教授勉勵教師要由教學專家轉為學習專家，所以學習已是今日教師最重要的素養。

謹提出三種學習觀與大家互勉：

Osho說，學習是一種沒有自我的狀態，將人移入了「不知道」的狀態。一旦你／妳活在不知道當中、一種持續不知道的狀態裡，你就是在學習了（沈文玉譯，《直覺：超越邏輯的全新領悟》，臺北：生命潛能文化）。僵化的原因可能是我們不再不知道，停留在某種知道中，不再探索我們的不知道。所以真正的學習是一種持續不斷的不知道，讓自己勇敢的進入不知道的狀態，質疑自己原有的知識版圖，探索原有的知識版圖之外的寬廣天地。

Delezue認為，學習就是在生成－他者（becoming-other）。生成－他者不是由A變成B，而是由A演變為B的過程中產生的模糊的、創造性的空間，創生了逃逸路線，捨棄舊的慣性和態度，變成未知的，變成未想過的，變成與現在的你／妳不同的另一個人。

佐藤學教授認為，學習是由已知朝向未知的旅程。在這個旅程中，與自然相遇探索世界，與他人相遇拓展人際，與自己相遇摸索自我，所以學習是人與自然、社會，人與人，人與自己的邂逅和對話。

可見學習起於不知道，朝向未知。所謂學習始於驚奇終於驚奇，或學習始於問號，朝向驚嘆號和更多問號。教師要容忍、等待不知道和未知引起的脆弱性和模糊，更要營造一個安全、安心、安定的環境。師生都敢說：「我不會！我不知道，我們一起來學習！」

課程語錄 *83*
課程巨人——
我一生的貴人黃光雄老師

敬祝黃光雄老師、師母教師節快樂！

民國69年6月間，接到老師的電話：「用生老弟啊，新學期後我可能會被派往臺東師專服務，能不能請你也來幫忙啊？」語調溫暖而且親切。但我懷疑自己有沒有聽錯，只有「幾面之緣」的師長，居然那麼信任我，要我和他一起到新學校去幫忙？

我從東京大學回國後，到臺南師專任職，聽說老師在臺灣師範大學教育研究所開「課程研究」的課程，就很想能向老師學習。後來，經由陳伯璋老師的推介才有機會和老師見面，此後兩次拜訪老師，向老師請益。

所以接到老師的電話，我真的受寵若驚，絲毫沒有考慮就回答：「謝謝老師提拔，如果老師認為我可以的話，我一定努力學習！」

8月7日，我到新竹師專報到（我一直沒有問老師為何從臺東師專變為新竹師專），接了副教授的聘書並兼任校長室祕書的工作。

語錄69提到，我因較喜歡研究工作，民國68年8月由教育廳轉往臺南師專擔任講師。當時教師升等非常困難，我已有講個10年的心理準備。但有貴人協助，好運是擋不住的。我到竹師專報到時，人事主任發現當時竹師專沒有講師缺，但有副教授缺，因我在東京大學教育學部（院）獲得修士（碩士）學位後，繼續在博士班

就讀（研究）4年，合於副教授的資格，改聘為副教授。

這看似一小步，但卻是我學術生命的一大步，我立刻以這種心情，戰戰兢兢的面臨新工作、新的學術生涯。從此，我在老師身旁親炙老師的人性化領導，和學術型治校理念，短短4年將新竹師專澈底轉型，完成了新竹師範學院的擘劃和建制的整體工程（參閱歐用生，〈黃光雄老師的竹師驚艷〉）。

這時老師決定歸建臺灣師範大學，繼續熱愛的學術研究工作，後來又應中正大學林清江校長的禮聘，到中正大學創建了人文社會學院、教育學院、課程與教學研究所等，奠定了南臺灣教育、課程研究的重鎮！

老師專攻西洋教育史和課程研究，帶著我們在原本荒蕪的課程園地披荊斬棘、以啓山林，開創了課程與教學研究的榮景。老師可說是臺灣課程與教學研究的開山祖師，是課程界的巨人，共指導了博士40餘位：亞洲大學講座教授盧美貴、臺北市大教務長鄭玉卿、國立臺北教大課程與教學研究所前所長周淑卿、現任所長林佩璇、屏東大學教育學院院長楊智穎、淡江大學課程與教學研究所前所長陳麗華、臺南大學前副校長林瑞榮、臺中教育大學前教務長楊銀興、中山大學教育研究所前所長周佩儀等都是黃門弟子，其他也都任教於各大學，延續課程研究的香火。

我有機會在老師身旁4年，不僅學習「顯著課程」，更學習「潛在課程」。老師的行政智慧和課程思想，顯現了儒、釋、道的精神，是儒、釋、道的完美結合，是人性本善、天人合一的東方美學，並兼容了Foucault的治理術，將治理的藝術發揮到極致！

老師以創意的、獨特的、風格化的方式將自己塑造

為藝術品，也將周遭的人、事、物都塑造為藝術品，顯現了老師的生存美學！

老師是我一生中的貴人！

這4年，老師信任我、委我以重任，讓我學習：學習作事、學習治學、學習做人。雖然兢兢業業、戮力以赴，但以駑鈍之質，尚有諸多不周，自己都覺得不滿意，但老師還是利用各種方式教導我、提拔我。這是我一生中學習最多、成長最快的時段，也是我一生中最快樂的時光！

老師雖然離開新竹師專，但還是一直在關心我、提拔我，提供機會和舞臺讓我學習。後來我有機會到國立臺北師範學院任職並擔任教務長、校長，到臺灣省國民學校教師研習會擔任主任，到吳鳳技術學院任講座教授，都是老師的推薦、支持和鼓勵。同時，老師還不斷的關心我的家庭、生活和健康，永遠像自己的家人、長輩一樣。

老師是我一生中的貴人，終身感恩！敬祝老師、師母教師節快樂！

課程語錄 *84*
翻轉？——前滾翻或後滾翻？

翻轉教育潮正夯，教育人員言必稱翻轉。翻轉教育是什麼？翻了、轉了就好？不管前滾翻或後滾翻？

臺灣翻轉教育論述，主要有BTS、學思達、MAPS，和學習共同體等，形成百花爭鳴的景象，這是很好的現象！

但當我們在選擇翻轉教育時一定要謹慎，因為，教育是道德、倫理的事業，課程、教學是價值的抉擇。我參觀了不少號稱翻轉的臺灣中小學的課堂，感覺到很多並沒有翻轉，甚至有後滾翻的遺憾！例如：翻轉模式都強調分組討論，但都只是三藏團隊的學習模式。而如語錄48所示，三藏團隊的學習並沒有翻轉，而且還是後滾翻，滾回傳統的行為主義去了。他們是任務取向的，旨在達成取經的任務，因此須有領導者。領導者發號施令，實施獎懲，而且須很快達成共識，以解決問題，較不重視學習，更忽視學習的主體性和差異。

但在臺灣的翻轉論述中，只有學習共同體發現這種合作學習的缺陷，而依據Dewey民主主義和Vogtsky社會建構論的精神，提倡協同學習（collaborative learning），不為達成任務、任務分工各自學習各自的內容，而肯定人人都能學習，都有建構知識的能力，都

可以互相學習。而且尊重學習者的主體，學生因學習產生的樂趣和新知識帶來的驚奇而學習，不是為獲得外在酬償或競爭，學習過程、結果都是差異化的，這才是翻轉，才是前滾翻！

因此，當我們思考翻轉教育或選擇翻轉教育時，要覺醒：

首先，誰翻轉？教師翻？學生轉？教師讓學生翻轉？學生自己願意轉也知道怎麼轉，也知道自己要轉到哪裡？

其次，為何要翻轉？往何處翻？即翻轉教育有何合理性的論述？有否說清楚翻轉的理念、願景和哲學？

第三，翻轉的內容是什麼？不能只是多使用電腦、平板等科技，或多些分組討論，這只是一般的教學革新而已，稱不上翻轉。最重要的教育典範的轉移，例如：前述學習共同體，強調學習者的主體性和差異性，肯定人人都能學習。教師要轉向這種積極的、人文的人性觀才可能前滾翻，其他如翻轉的教育觀、知識觀、課程觀、教學觀等也要批判性的檢視。

第四，有何支持系統或配套措施來促成翻轉？例如：學習共同體的校本研修機制，教師利用lesson study，在備、觀、議課中學習，學生在協同學習中互聽、互問、互學，家長也參加學習等，沒有人落單，大家一起學習、相互學習。

教育、課程、教學是倫理、道德的事業，翻轉教育也要有倫理道德的考量！否則，自以為翻轉了，卻是後滾翻而不自知！！

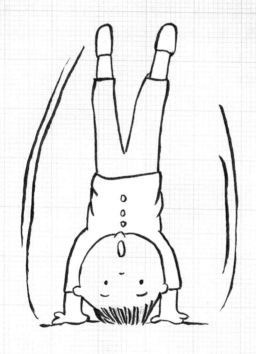

課程語錄 85　行為主義的幽靈？

幽靈是課程研究的重要隱喻之一。

被批評最多的是行為主義的幽靈。教育、課程界被行為主義作祟已久，中外皆然。最近Eisner的學生Donmoyer在紀念Eisner的一篇文章中說，在爭奪美國靈魂的戰役上，主張科技、管理的Taylor、Thorndike等贏了，主張美學、藝術的Dewey、Eisner等輸了！

行為主義、科技管理主義主張具體明確、因果關係、確定性、可預測性、程序化等，正適合結構嚴謹、重視標準一致的學校組織和教師文化，立刻魅惑了學校、教師，讓他／她們無法自拔。即使課程學者再怎麼呼籲：將控制的、標準化的現代性論述丟到詩性之河的彼岸，迎回Dewey、Whitehead等的幽靈，參與後現代課程的對話；但Dewey等主張的即興演奏、生成、模糊、差異等，令教師感到不舒適，立刻轉回去擁抱行為主義的幽靈。

語錄47也呼籲臺灣教師送走行為主義的幽靈，將麥克風、加分板、花片、籌碼等送進教育博物館，加強教學設計、改變教室風景！看似不易……

但Donmoyer還說，美學派還不知道戰爭已經結束，他們還在奮戰中！頗有勝負未定、美學派還有作為的氣魄，何其悲壯！

我們希望，臺灣教育界、課程界也抱持這種情懷，為課程美學、教學藝術奮鬥不懈！

課程語錄 *86* 不舒適的倫理

　　人都貪圖安逸，喜歡安居在舒適區中，這是一種現代性的幽靈。

　　語錄13呼籲校長要聆聽學校土地的聲音，生活在學校社區的歷史文化、教師、學生主體和校長哲學的「緊張性」中。

　　感謝一位校長臉友拿去他們的讀書會分享討論，後來他說，讀書會的校長都認為校長已夠緊張了，上述的緊張性能否改為「均衡性」？我回答他，沒什麼不好，但我喜歡用緊張性，因為從渾沌複雜理論來看，均衡、安逸是死亡的前兆，干擾才能產生質變，緊張性才有張力，才會有干擾。

　　而且若從Foucault「不舒適的倫理」（ethics of discomfort）的概念來看，緊張性產生不舒適，覺醒妳／你謹慎行動。很多校長新到一所學校沒覺醒緊張性、不舒適性，立刻突顯自己的辦學理念，把學校原有的海邊的河蟹課程改為自己在山上發展的腳踏車課程，校本課程淪為校長課程，搞得老師們無所是從，人心惶惶。

　　如果妳／你能生活在學校歷史文化、教師、學生主體和自己的辦學哲學的緊張性中，妳／你就會覺醒不舒適，就會謹慎抉擇，作倫理性的決定。

這種倫理性的抉擇，就是一種藝術，一種課程領導美學！

　　大家覺得呢？緊張性真的那麼緊張嗎？不舒適真的那麼不舒適嗎？如何緊張得有藝術？不舒適得有倫理？

課程語錄 *87* 被動的能動性

　　學習共同體強調教師要少說多聽、少教多學，教師要聆聽、等待，蹲在學生旁邊，和他一起學習，向他們學習。

　　有老師問，這樣教師是否太被動了？佐藤學教授的答案是：教學與其說依賴積極主動性，不如說是一種被動的能動性。

　　唐朝布袋和尚的《插秧偈》傳神的說明了被動的能動性：

　　手把青秧插滿田，低頭便見水中天，

　　心地清淨方為道，退後原來是向前。

　　農夫不必在意一定要作某些事，只要專心一致、不急不徐，依自己的步調、節奏插秧，不必舉頭就看到太陽了，在後退中也把秧插好了。

　　教師何嘗不是如此，只要設計一個安全、安心、安定的環境，讓學生互問、互聽、互學，何必一定要親自傳道、授業、解惑呢？

　　所以教學是從依賴性、脆弱性和感受性來思考的。

　　這種教學看似消極，卻能發揮消極性的潛能；看似被動，卻在被動中發揮能動性。如此，看似無為卻是有治，看似無教卻是有學，這是教學藝術化的極致！

課程語錄 88 臺灣教師的最……

臺灣教師最喜歡學位進修。碩、博士滿園走，臺灣教師是世界教師中學歷最高的。

臺灣教師最易心動。參加「夢N」的千餘教師，在聖讚師父、感恩師父的集體儀式中，沉醉了、心動了。

臺灣教師最易接受新知。一個概念、一個學術名詞一被提出，老師立刻朗朗上口：Apple的霸權；Giroux的教師是轉化型的知識分子；佐藤學的聆聽、串聯、回歸，響徹校園。

臺灣教師最會講故事。教師進修班的課，如果不限制時間，一位老師就可以講一節課還沒講完。

臺灣教師最喜歡問。剛開始推展學習共同體時，教師幾乎每事問：學生真的會討論嗎？為什麼四人一組？如果四個低成就生分在一組？……

臺灣教師是世界教師中學歷最高的，但高學歷有轉化精進為教學能力嗎？

臺灣教師最容易心動，但心動有否化為行動？

臺灣教師最容易接受新知，但是否深入理解、身體力行？如Giroux的知識分子意謂什麼？轉化什麼？其理論基礎為何？

臺灣教師最會講故事，但不要只講技術性的、效率的、成功的故事，多講些道德的、失敗的、反省性的故事！

臺灣教師最喜歡問，但能否作了再問？把批判性的語言轉為可能性的語言，把事實性的語言轉為實踐性的語言？

課程語錄 *89* 妳／你有臉嗎？

臉也是課程研究的重要隱喻之一。

去年初，在幾位朋友的慫恿下設了臉書，笑說終於有「臉」見人了，是嗎？有臉書就有「臉」了嗎？不一定呦！就像學生都到學校，但大部分都沒有臉喔！

日裔加拿大課程學者Aoki認為，在計畫性的課程（curriculum-as-plan，樹木型課程）世界裡，課程是為均一的團體中的、沒有臉的（faceless）人計畫的，教師只是數千個有資格的教師中的一員；學生也沒有獨特性，小華、小英、小明只是○○國小五年三班的兒童，沒有個別的名字，沒有臉斑沒有缺齒，沒有私人的希望和夢想。

但教室情境是複雜的、渾沌的、多音的、祭典式的，教師和28個兒童就有29個課程，這是生活經驗課程（curriculum-as-living experience）或地下莖課程。在生活經驗課程世界裡，師生面對面的生活在一起，鮮活了學校生活的故事，師生都不是抽象的名詞，都有名字和人格，經驗著多元的生活和存在。

在計畫的課程上，學生是沒有臉的他者；而在生活經驗課程上，師生是面對面的。而臉不只是臉而已，沒有臉就是沒有聲音、沒有權力、沒有主體，沒有臉不是不要臉，而是臉被制度、結構遮住了，被權力掩蓋了。

這種對臉的理解，也是自我／他者間關係的理解，是師生間教學關係的理解。老師們！妳／你仍擁抱計畫課程，將學生視為「沒有臉的」客觀的他者？或設計生活經驗課程，讓師生都有臉、都有主體？

課程語錄 *90* 實踐認識論

語錄88提到臺灣教師有很多優點，例如：老師易接受新知、很會發問、很會講故事。可惜老師們沒有發揮、善用這些優點，反而一知半解，停留在技術性的語言和思維上。教師亟需深度學習。

近日應邀參與臺北市立大學教育學院教育專題講座，以實踐認識論的概念，和就讀博士班的中小學教師們討論如何深度學習。

實踐認識論是Schön於1983年提出的概念，同年稍早課程學者Stenhouse提出教師即研究者的理念，強調行動研究，引起課程界重視，因此實踐認識論相對被忽視。

當時主流的科技理性認識論發展一套放諸四海皆準、百世以俟聖人而不惑的非脈絡化的、概括化的原理原則，Schön認為這僅適用於高地的世界，而教室是渾沌複雜的、混亂的，充滿衝突和對立。教師處於泥淖的世界，需要的是臨場應變的專業能力和即興演奏的藝術素養。實踐認識論才能因應這種需求。

他說，我們的知識就在我們的行動和實踐中。實踐工作者（如教師）要覺知自己的情境脈絡，擬定探討和解決問題的架構，進行架構的試驗，使情境往希望的方向發展，但對結果保持開放的態度，也就是說教師和情

境遊戲，在實踐中反省，對自己的行動加以慎思、判斷和評鑑，由此獲得知識。

　　Schön說，實踐就是研究、就是實驗，而且這種實驗是最自然、最真實的。因此教師不能只是熟練的技術者，不只是藝匠，而是反省性的實務工作者，能用實踐性的、可能性的語言，說反省性的、有感的故事，這才是真實性的、深度的學習。這時，教師也是課程學者，也是教育哲學家！

課程語錄 *91*
原住民族課程新猷！

臺灣第一套排灣族文化主體教科書已發展完成，屏東縣為臺灣原住民族課程暨立了新里程碑！

103年8月受屏東縣泰武國小伍麗華校長（現任屏東縣原民會主委）的邀請，參加屏東縣原住民族課程發展中心的成立大會，這是臺灣第一所原住民族課程發展中心，意義重大！

麗華校長（主委）劍及履及，現在又完成了臺灣第一套排灣族文化主體教科書，創新了臺灣課程史，令人佩服！

這套教科書集結了部落耆老、文史工作者、在地藝術家、課程學者、原住民族優秀校長、教師等的智慧，在樂學、易懂、適性、高度脈絡、文化回應等原則下，將排灣族文化納入教材內，不僅多以兒童生活經驗中常見的山豬、琉球珠、小米酒等為題材，更將排灣族文化結合能力指標，融入於教材中。

更可貴的是這套教材先在地磨兒小學實驗後再評鑑修訂，合乎課程發展的精神。潘孟安縣長說，這套教材引發他學習數學的熱望，我非常同意，如果以前我有這樣好的數學教科書，我的數學才能應該可以更發揮！

欣見排灣族文化主體教科書問世，除了數學外，還有國語、英語、自然等，相信更能讓原住民族（如排灣族）小孩敏於自己土地的聲音，用自己的語言唱自己的歌，說自己的故事，自己掌舵將船駛往自己想去的方向，能用繽紛的調色盤彩繪自己的未來！

課程語錄 *92* 教師是課程創作者

　　課程學者Stenhouse早在1983年就肯定教師在課程發展上的重要性，他說，課程發展就是教師發展，沒有教師的專業發展就沒有課程發展。

　　誠哉斯言！教師是課程創作者！

　　2015年底 松山文創園區舉行「創作者故事展」，其引話令我省思：

　　創作者是樂觀的，因為他們有夢想；

　　創作者是勇敢的，因為他們有信念；

　　創作者是執著的，因為他們有堅持；

　　創作者是幸運的，因為他們總會找到自己的價值！

　　教育工作者們，讓我們在課程教學創作中夢想，秉持信念、繼續堅持，找到自己的價值！

課程語錄 *93*
臺灣教育需要一場文化大革命！

　　儘管臺灣中小學翻轉教育響徹校園，但中華文化基因中的威權的師道觀，把教師綁得緊緊的，讓教師無法翻轉。所以今天臺灣教育不僅需要翻轉，更需要一場翻轉教育觀的文化大革命！

　　我進師範大學，大一必修教育概論，第一節課探討教育的概念，教授就教我們：依說文解字，教者上所施下所效也，育者養子使作善也，而學是在大人雙手扶持下讓小孩學習，所以說，師者傳道、授業、解惑也。這是一種成人中心的「教師全知的」威權的師道觀，全臺灣的教師在師資（培）課程第一天就被注入這種師道觀！

　　這種師道觀隱含的人性論、教育觀、知識論、課程論都是保守的、消極的，而且中華文化尊師重道，天地君親師，一日為師終身為父，教師被拱上神壇背負君父的神主牌，不知也要假裝知，不會也要假裝會，一輩子活在全知全能的面具下！

　　這種中華文化培養的教師身心靈都沾滿威權心態，而且還不自覺，實難翻轉。即使蹲在學生旁邊，狀似翻轉，心態上仍然是我是師（大人）、你是生（小孩），甚至你是民、我是主（的民主觀），再怎麼翻轉也掩蓋不了威權的身影！

翻轉最重要的不是技術，而是思想典範的轉移。例如：西方的教育、教學觀就比較民主、開放，education的拉丁字源educare是引出之意，教師是引出者，而教學pedagogy是教僕，即陪伴小孩讀書的人。故西方認為教師要陪著小孩，理解他、發揮他具有的本性，而非一昧的教導灌輸。

我們都是傳統、過時的中華文化師道觀的受害者，但希望能因應時代社會、與時俱進。如語錄9說的「跳下神壇，回到人間」，人都有情緒，都有錯，勇敢認錯就好；都有所不足，努力學習就是。有不知為不知、互相漏氣求進步的雅量，這樣，翻轉就有可能了！

臺灣教育需要翻轉，尤其要先翻轉過時的師道觀，這可能是一場艱巨的文化大革命！

課程語錄 *94* 聽校長說故事

　　課程是故事，是我們和小孩子們一起說我們的過去、現在和未來的故事，校長、教師是故事敘說者、故事創造者。

　　如足校長很會說故事，我喜歡聽如足校長說故事，所以特地到追分國小，來聽如足校長說追分國小一百週年的故事。

　　如足校長105年上任後，就聆聽追分這塊土地及土地上的人的聲音，並從訪談社區耆老、仕紳和校友中，逐步尋找追分一百年的發展，整理出不同世代的教育足跡，一篇篇故事都充滿對童年時光的回憶、對校園生活的留戀、對師長同學的感謝，都突顯了對追分這塊土地、追分校園及土地上的人的愛！

　　所以這本故事集回應了追分土地的呼喚，體現了追分社區的歷史文化，作為慶祝追分國小一百週年的獻禮，意義非凡！

　　如足校長聆聽土地的聲音，並回應土地的呼喚，生活在學校社區歷史文化、老師學生主體性和自己教育哲學三者間的緊張性中，如臨深淵、如履薄冰，激發教育的想像和創意，擘劃了追分國小下一個一百年的願景！

　　祝賀追分國小一百週年校慶，祝福校運昌隆！

　　（本語錄係賴如足：《拾遺 —— 追分國民小學一百週年故事集》的序文）

課程語錄 *95* 生命中的等待！

人生充滿著等待，有些等待再久都會等到，但有些等待，就像等待果陀，只是虛度光陰。

課程學者Morris於2008年〈Teaching through the ill body〉，敘說他自己患胃痙攣的惡疾的故事，對等待作現象學的、美學的分析，很有感。它陪伴我度過手術住院及以後的脆弱歲月，每次閱讀，都流下不同顏色和味道的眼淚！

他一患病，也充滿著希望，等待痊癒。他說，這是西方的想法，西方人活在希望中。但當他發現所有的期待都落空時，謬誤的希望只是一種謊言，於是他向東方的佛陀學習，不再去想不會發生的事，不預期什麼事會發生，只有當下專注於現在 —— 事情就是這樣，就是這樣來的，這就是事情（to just be）。

他覺醒永遠沒有治癒的一天，放棄治癒的想法。他說，病人如果能體悟這種消極性，與病共舞，追隨病體的方向，就能發揮消極性的潛能，心情就會平靜！

這時等待就有不同的意義，等待是身體化的（embodied），我們在等待某些新奇的事情發生，讓思想有生命。如果我們聚精會神注視某些事，融入這些事情中，它們就滲透了我們，向我們顯現類型、呈現意義。讓類型成形、顯現意義是靈魂的工作，我們等待的就是這種類型成形、事情有意義！

他說，病痛、苦難就在作這種靈魂的工作，病痛、苦難深入靈魂，和靈魂對話，讓靈性有張力，讓思想有活力，生命有意義。如果課程、教學是關於人生的事，這種生、死、受難、脆弱性不是人生中最重要的嗎？為什麼教育只談發展、進步、得意的事？為什麼避諱病痛、失敗、失意、失落？

　　最近A/R/T研究者、藝術本位研究者已開始關心這些議題！

課程語錄 96　受難教育學

　　語錄中多次提到，人生不如意事十常八九，但這八九卻是學校中的懸缺課程。直到最近，藝術本位課程研究者、A/R/T研究者才開始關注受難教育學（suffering pedagogy）的議題。

　　Kind首先提到教學中的脆弱性，強調聆聽師生失敗、失落的聲音，讓苦難傷害的聲音溫柔的顯現出來，留住它們，和它們對話，由此學習。她說，這種學習讓教學更具敏感性，更有倫理。

　　Wilson是一位多重障礙女孩的母親，她將女兒視為上天的禮物，是奇蹟，她的工作、生活、研究和學習都聚焦於女兒的生、死、苦、樂。她強調教育、課程研究不能只重視進步、發展、獨立，還要包含依賴、迷失、沮喪等。她說，注視著空虛，生活在迷失中，與空虛和缺乏共存，捨得而自在！

　　迷失、沮喪和捨得正是創造的過程，在迷失、依賴中，我們能發現有價值的事，有別於進步、成就和得意的事，發現新的可能性，展開新生活！

　　這正是佛家的放、放空、放開、放下，這時除了沒有我，什麼都有了！

　　受難教育學是一種被動的能動性，能發揮消極性的潛能！

課程語錄 97
研究的返魅化 —— study的復權

現代性危機中，最嚴重的是信仰的危機。在理性主義、科技萬能主義主導下，人定勝天、科技能克服萬事萬物，先民敬天畏神、天人合一等神魅感（詩性智慧）都被去魅化了（disenchanted）。

research（研究）這個概念也被科技汙染，也被去魅化了。再概念化課程學者乃強調讓study復權，讓遺失於教育世界的study這個概念重新塑造教育的新風貌。

從字源來看，study有自我教育、自我培養、自我反省和自我形成等意義，而且著重於人和社會、自然的關係，不僅是認識論的，更是存有論的、是倫理的，而非工具性的關係

Study就是要探討這些關係，所以study是神聖的工作。作研究就像在祈禱，是我們對世界採取的立場，也是一種存有的方式，一種倫理。研究和祈禱都是頓悟的時刻，也是獲得方向的機會，覺知我們在奇蹟中，還有更多我們尚未知道的世界。

研究和祈禱是敬畏的表示，使世俗的成為神聖的。智慧始於敬畏，而敬畏始於驚奇。研究、祈禱源於沉默的敬畏或謙卑，覺醒我們的耐心和希望，提高我們

期望但尚未達到的標準，讓我們知道自己的不足和渺小，要永遠保持敬畏、驚奇和謙卑。

　　這種研究的返魅化（reenchantment）超越現代性的實徵主義、科技主義，回到靈魂，發展一套身、心、靈合一的新的價值系統。

課程語錄 *98* 回家？

　　教師最想回家，語意學上的家 —— 教科書。統整課程、一綱多本實施不順利，都因教師離不開教科書，尤其是一本教科書。

　　教科書是教師的家，是教師的舒適區，但最舒適、熟悉的地方也是最容易僵化的地方。有家就有回家的路，而家和路都是權力決定的，是別人在別的地方、為別的目的，替我們寫好了的劇本，看不到師生。家和路決定了方向、管制了觀點、控制了思想和行動，而看見就是看不見，照既定的路回家，我們就是隱形人、沒有臉的人、沒有聲音的人。

　　後現代、後結構主義課程學者鼓勵教師放棄家和路的觀念，重新定位（dis/position），不斷找尋自己在課程上的位置，人在家但心在漂泊流浪，敢於徘徊和迷路，勇敢的找路。這時看似無路，但條條都是路：看似無家，但處處是家。

　　老師們！每星期至少一天為教科書安息日，師生都不帶教科書，帶著迷路、迷失的勇氣，一起找路、找家，在此用自己的話、唱自己的歌、說自己的故事，師生都成為自己故事的作者和讀者！

課程語錄 *99*
我的批判教育思想的萌發

有試必考！1971年，我以只選修日語課兩年的實力，竟能通過日本文部省獎學金考試，被分發到日本東京大學教育學部（院）當研究生（旁聽生）。這時正逢日本大學學潮，大學生罷課、遊行，東大校園也不得安寧，大學生上課和教授對槓、對嗆的情景，讓我瞠目結舌！

一年後順利考上碩士班（修士課程），開始忙於修課、寫論文，沒能好好享受學習的樂趣。

1974年初通過修士論文，考進博士班，修「學校論」這門課，山內教授引導我走進另一個學術世界。我們閱讀了1970年代初期Reimer、Illich、Holt等學者對學校批判的文獻，他們超越傳統對學校教育制度、組織、管理的批判，而是對學校的不公不義、不人性化及其形成原因的潛在課程加以致命的抨擊，並提出反學校化論（deschooling）和替代學校的另類教育網絡；接著閱讀Apple、Giroux等新馬克斯主義學者批判教育學的論著，他們的提問方式和議題設定更讓我著迷，於是我拼命的閱讀，毫不厭倦。

這種閱讀、體驗和生活，嚴厲的挑戰我原有的思考方式和價值體系，接受了近30年的右傾思維，在Apple

面前竟如此脆弱，如城堡解體一樣，基石開始鬆動，磚牆逐塊剝落，終致全盤解體。這時就像由一種武功轉換為另一種武功，由一種教派轉換為另一教派，好像脫胎換骨，身心靈都不再是原來的我！

同一時期在美國留學的陳芳明教授也經歷了這種蛻變，他說：「透過左翼思想的反省，從前迂腐的史料考證或盲目的民族主義的制約解釋都被我背叛了。」

「背叛！」對了！我也有「背叛」的感覺，這種感覺讓我解放，也讓我不安、害怕。

對批判教育學的迷戀持續著，有一天很關心我的一位助教西村俊一先生來找我，很嚴肅的對我說，讀很多書很好，但新馬克斯主義不適合當時的臺灣，要我好好的研究結構功能主義，如Parsons的社會系統論，回國才能貢獻國家。

但在我的批判教育學的世界裡，已容不下這種保守的、機械式的社會思潮，我將何去何從？

和西村老師談話後，我不自覺的走到常去的東大美景之一的三四郎池，想到紛擾的私事、國事、天下事，不覺潸然淚下！就這樣在池邊哭了一個下午，事隔快50年了，但那熱淚的餘溫好像還能感覺到！

後來我還是從潛在課程的觀點，完成了博士論文《日治時代臺灣公學校修身科教科書之研究》，依東京大學的規定，人文社會科學（含教育學）的博士尚須考量博士候選人的實務和社會貢獻，無法立刻授與博士學位。

東京大學留學生約有千人，臺灣生就有近半。每學年結束（3月）學校都舉辦留學生懇親會，總長（日本大學校長一般稱學長，東京大學校長則稱總長）會帶高層主管來慰勞留學生。1978年3月的懇親會，留學生課長請我代表留學生致謝辭，當天向坊隆總長親自主持，賓主盡歡。我的致謝辭除禮貌性的感謝外，還脫稿演出，訴說我在東大苦讀了8年，已完成博士論文了，卻拿不到學位，回臺灣後30餘歲了，無法找到工作（幾乎聲淚俱下）……我發現總長和許多與會的主管都低頭沉思。

　　一星期後，我去留學生課準備向課長致歉，想不到課長卻笑嘻嘻的說：「太好了，你的話總長和與會的高層都聽進去了，昨天在行政會議上很認真的討論了呦！」

　　後來博士授與要審查實務貢獻的教育學部、人文社會學部（院）都取消了這個規定，東大的學弟妹都能立刻獲得博士學位，回臺灣後很快獲得大學教職。

　　從東京大學學到的批判教育學，用來批判東京大學的威權體制，而且產生了改變，為我在東大的留學生涯劃下美麗的句點。是年年底，我離開東大，回臺灣實踐批判教育學！

課程語錄 *100* 我的教科書之旅

　　當學生時讀教科書，當老師時用教科書，日本回國後，投入教科書研究和批判、發展、審查過教科書，我走過了豐富的教科書旅程！

　　1978年年底，我離開研究學習了8年的東京大學回國，因為沒有獲得博士學位，求教職不易。1979年8月到臺南師專任職，次年8月到新竹師專後，生活才安定下來，可專心於我最喜歡的學術研究工作。

　　某天陪小一的小孩讀書，看到國語課本裡，居然文圖都寫（畫）著：爸爸早起看書報，媽媽早起忙打掃。這一幕開啟了我對臺灣教科書研究、批判的旅程，我立刻從批判教育學的觀點分析了國小語文、社會、生活與倫理教科書，發現教科書中充滿著政治、性別、種族等意識型態，並發表了幾篇文章，猛烈的抨擊這種意識型態。

　　1985年，發表於《新竹師專學報》的〈國小社會科教科書意識型態之分析〉乙文，卻差點讓我付出代價。該文歸納社會科教科書有六大意識型態：國家至上、領袖神話、反共第一、主義是從、男性獨尊、漢族霸權等，立刻引起各大學女性研究者的興趣，邀請我演講、座談，我也自以為這是原創性高、有價值的學術論文。但以後每次上課都有人來旁聽，後來我才知道我闖

禍了！我已被學校人二、情治單位點油作記號。我南師學弟前教育部長杜正勝後來在一篇文章中，說我當時一定是向天公借膽，才敢寫這篇文章，其實再怎麼大膽也不敢向天公借膽，我只是憨膽，或許我以為還在學風自由的東京大學，忘了我已回到戒嚴令治下的臺灣。

幸好當時已較開放，解嚴已成議題，否則……今日回憶起來，仍餘悸猶存。

從此教科書研究和批判成為教育課程研究的主流，為課程研究開拓了新的視野和方法。

民國77年，教育部實施教科書「適切合理化」改革，改編國中小各科教科書，國小生活與倫理科主任委員顏秉嶼教授（時任新竹師範學院校長）邀請我、黃建一、汪履維等加入委員會。第一次會議我就痛陳原版教科書中的政治、性別、種族意識型態，主張我們在新竹師專研究實驗過的價值澄清教學模式（當時我已轉任國立臺北師範學院），因而和原任委員間有非常激烈的對話，其中很多都是我的師長輩的。我們幾位年輕委員都是價值澄清教學小組成員，有理論基礎和實驗依據、較有說服力，主導修訂方向，把一本充滿主義、領袖、國家的生活與倫理教科書，改為尊重兒童主體、加強價值澄清、作決定、有社會行動力的教科書，將道德觀、人性論、課程論作了180度的翻轉！

由此，我覺醒國定本教科書的問題，開始提倡並推動教科書多元化運動。雖歷經困難，但民國77年國小

藝能科教科書開放，80年國小教科書全面開放，85年教育會議後，國中教科書也全部開放，展開了教科書政策的新紀元！

　　民國89年，九年一貫課程設有綜合學習領域，教育部聘我為該領域教科書審查小組召集人，因該領域定義不清、概念模糊，編者、審者都面臨了很多挑戰。

　　Apple說，教科書是文化的產品、政治的產品、經濟的產品，教科書政策是文化、政治政策，是經濟政策，所以教科書之旅是複雜的旅程！

陳明印 教授

教科書之旅

莊梅枝　主編
中華民國教材研究發展學會出版

國家圖書館出版品預行編目資料

課程語錄／歐用生著. -- 初版. --
臺北市：五南, 2019.01
　　面；　公分.
ISBN 978-957-763-219-7（平裝）

1. 課程　2. 文集

521.707　　　　　　　107022618

1IOA

課程語錄

作　　　者 ― 歐用生（361.6）

發 行 人 ― 楊榮川

總 經 理 ― 楊士清

總 編 輯 ― 楊秀麗

副總編輯 ― 黃文瓊

責任編輯 ― 黃淑真、李敏華

封面設計 ― 王麗娟

內文插畫 ― 郭家華

出 版 者 ― 五南圖書出版股份有限公司

地　　　址：106台北市大安區和平東路二段339號

電　　　話：(02)2705-5066　傳真：(02)2706-6

網　　　址：http://www.wunan.com.tw

電子郵件：wunan@wunan.com.tw

劃撥帳號：01068953

戶　　　名：五南圖書出版股份有限公司

法律顧問　林勝安律師事務所　林勝安律師

出版日期　2019年1月初版一刷
　　　　　2019年4月初版三刷

定　　　價　新臺幣250元